ACCESO GRATIS *a la Lectura en la Nube*

AF237853

Para visualizar el libro electrónico en la nube de lectura envíe junto a su nombre y apellidos una fotografía del código de barras situado en la contraportada del libro y otra del ticket de compra a la dirección:

ebooktirant@tirant.com

En un máximo de 72 horas laborales le enviaremos el código de acceso con sus instrucciones.

© TIRANT LO BLANCH
  EDITA: TIRANT LO BLANCH
  C/ Artes Gráficas, 14 - 46010 - VALENCIA
  TELFS.: 96/361 00 48 - 50
  Fax: 96/369 41 51
  Email: tlb@tirant.com
  www.tirant.com
  Librería Virtual: www.tirant.es
  DEPOSITO LEGAL: V-485-2024
  ISBN: 978-84-1056-668-2
  MAQUETA E IMPRIME: Tink Factoría de Color , S.L.

Si tiene alguna queja o sugerencia, envíenos un mail a: atencioncliente@tirant.com.
En caso de no ser atendida su sugerencia, por favor, lea nuestro procedimiento de quejas en:
www.tirant.net/index.php/empresa/politicas-de-empresa

Responsabilidad Social Corporativa
http://www.tirant.net/Docs/RSCTirant.pdf

PRESTACIONES:
ESTRUCTURA Y ORGANIZACIÓN EN EL SISTEMA DE SERVICIOS SOCIALES Y DE DEPENDENCIA

Susana Sánchez-Flores

Professora Titular d'Universitat
Departament de Treball Social i Serveis Socials
Universitat de València

INDICE

Capítol 1. Administración social. Prestaciones del Sistema Público de Servicios Sociales

Las prestaciones de los sistemas públicos de servicios sociales tienen como finalidad conseguir los objetivos previstos en las leyes de servicios sociales. Las prestaciones son de carácter técnico-profesional, económicas o tecnológicas. Se consideran prestaciones técnico-profesionales los servicios realizados por equipos profesionales dirigidos a la prevención, a la promoción de la autonomía y a la atención y apoyo para el bienestar y calidad de vida de las personas, grupos y comunidades de acuerdo con sus respectivas necesidades. Así mismo, forman parte de las prestaciones el conjunto de recursos no económicos de apoyo, complemento y apoyo a las prestaciones técnicas dirigido a las personas beneficiarias, con el objetivo de garantizar la cobertura de sus derechos sociales. Las prestaciones pueden ser garantizadas o no garantizadas. Las prestaciones pueden ser prestadas, con carácter temporal o permanente, en el domicilio, en el entorno de la persona usuaria, de manera ambulatoria y en centros, pudiendo en este último caso prestarse en régimen diurno, en régimen nocturno, en régimen residencial o en otros.

Para la organización de las prestaciones de servicios sociales que se proveen en la población se tiene que considerar, así mismo, en el contexto institucional de la Administración social pública y en el ámbito de la intervención social los instrumentos de la planificación social: los planes, los programas y los proyectos.

Los planes de servicios sociales son aquellos instrumentos de ordenación utilizados en el ámbito de los servicios sociales que reflejan las políticas de intervención social a aplicar por los poderes públicos, a fin de conseguir la máxima eficacia en el funcionamiento del sistema. Es el marco general de referencia que define los objetivos generales y que permite el diseño de programas y proyectos determinando los medios y recursos para la consecución de las finalidades fijadas.

Los programas son un marco de referencia específico para conseguir uno o varios objetivos generales de referencia contenidos en el plan, concretando los objetivos. La programación se refiere a la elaboración de programas y proyectos concretos de trabajo, que son objeto de los/as profesionales. Son los instrumentos de ejecución parcial de un plan en los cuales se agrupan varias actividades y actuaciones ordenadas con un cierto grado de homogeneidad, con el fin de conseguir los resultados previstos en el plan.

Los proyectos son el marco de referencia operativo que incluye objetivos medibles, funciones, actividades y medios para conseguir uno o varios objetivos de un programa.

Los equipos profesionales son el grupo de profesionales que realiza las prestaciones técnico-profesionales o gestiona y administra las prestaciones económicas o tecnológicas del sistema. Puede haber equipos de intervención social, de zonas básicas de servicios sociales, equipos específicos, equipos de emergencia.

En el Sistema Público Valenciano de Servicios Sociales (SPVSS) las prestaciones van dirigidas a conseguir los objetivos marcados en la Ley de Servicios Sociales Inclusivos de Servicios Sociales de la Comunidad Valenciana, Ley 3/2019, de 18 de febrero de la Generalitat valenciana. En esta, las prestaciones del sistema de servicios sociales se refieren a las actuaciones concretas individuales y colectivas que pueden ser de carácter profesional, económico, tecnológico.

En la ordenación del Sistema Público Valenciano de Servicios Sociales se consideran prestaciones sociales las actuaciones desarrolladas por las personas profesionales de los servicios sociales valencianos orientadas hacia la promoción de la vida independiente y la autonomía social y que se concretan en los que figuran en el Catálogo de la Ley 3/2019, de Servicios Sociales Inclusivos de la Comunidad Valenciana y en las prestaciones del sistema para la autonomía personal y atención a la dependencia (SAAD).

En el primer capítulo del libro se abordan las prestaciones sociales del Sistema Público Valenciano de Servicios Sociales, es decir aquellas que no son económicas ni tecnológicas.

En el segundo capítulo se exponen las prestaciones económicas del sistema, las ayudas y subvenciones económicas.

En el tercer capítulo se presenta el procedimiento para el reconocimiento de la situación de discapacidad/diversidad funcional y las prestaciones pertenecientes a otros sistemas de bienestar diferentes al de servicios sociales a las cuales pueden acceder las personas afectadas.

Finalmente, en el cuarto capítulo se explica el procedimiento para el reconocimiento de la situación de dependencia y las prestaciones de este sistema de protección.

1.1. RELACION ENTRE LAS PRESTACIONES, LOS SERVICIOS, LOS CENTROS Y LOS PROGRAMAS

Un Servicio en materia de servicios sociales es una unidad organizativa y funcional que despliega, desarrolla y provee de manera regular prestaciones o actividades de servicios sociales organizadas técnicamente a través de centros o programas. Se distinguen los servicios sociales de atención primaria de carácter básico y los servicios de atención primaria de carácter específico, y servicios sociales de atención secundaria.

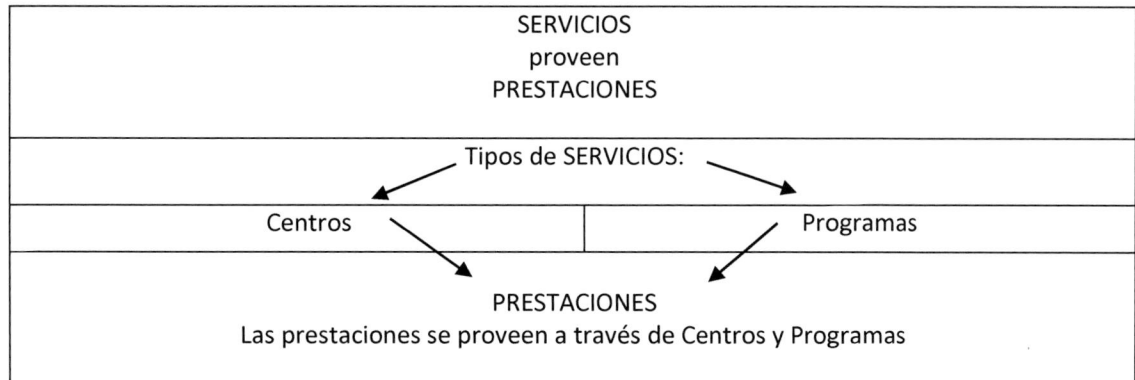

Elaboración propia. Fuente: Ley 3/2019, de 18 de febrero, de servicios sociales inclusivos de la Comunidad Valenciana. DOGV núm.8491, de 21.02.2019. BOE núm.61, de 12.03.2019. Decreto 27/2023, de 10 de marzo, del Consejo, por el cual se regulan la tipología y el funcionamiento de los centros, servicios y programas de servicios sociales, y la ordenación de estos dentro de la estructura funcional , territorial y competencial del Sistema Público Valenciano de Servicios Sociales. DOGV núm 9559, de 22.03.2023.

1.2. ESTRUCTURA FUNCIONAL Y COMPETENCIAL DEL SISTEMA PÚBLICO DE SERVICIOS SOCIALES

El sistema público de Servicios Sociales Inclusivos de la Comunidad Valenciana establece que la estructura funcional del sistema público valenciano de los Servicios Sociales (SPVSS) se compone de dos niveles de atención, mutuamente complementarios y de carácter continuo, integrado y sinérgico. En los siguientes gráficos se concretan sus niveles de actuación con sus características, y los servicios de atención primaria con sus programas y centros.

a) Atención primaria: atención integral a lo largo de la vida para reforzar y rehabilitar la autonomía personal y social.

b) Atención secundaria: atención para facilitar los apoyos a necesidades que requieren atención especializada integral y sostenida en el tiempo.

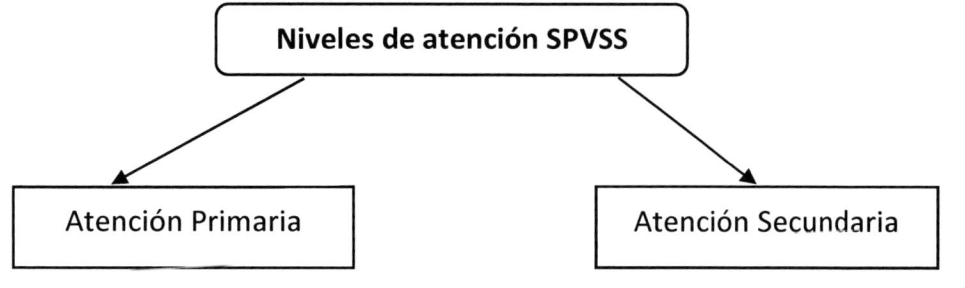

1.2.1. ATENCIÓN PRIMARIA

La atención primaria es el nivel y ámbito de intervención profesional de los servicios sociales orientado a garantizar una atención de carácter integral a las personas en sus contextos convivenciales y comunitarios, a fin de salvaguardar sus derechos sociales, promover la autonomía y desarrollo personal posible, prevenir y promover las causas que puedan obstaculizar o vulnerar esta autonomía, atender las situaciones de necesidad y fomentar la convivencia, la cohesión y la inclusión social. La finalidad última es mantener a las personas en sus entornos sociofamiliares, promocionando sus capacidades personales y asistiendo a las situaciones de vulnerabilidad o necesidad.

Niveles de actuación de la Atención Primaria

Características

Atención Primaria Carácter BÁSICO

→ Información, orientación, asesoramiento, valoración, diagnóstico.
→ Detección/prevención causas vulnerabilidad social
→ Designación profesional de referencia
→ Apertura historia social única
→ Diseño y primera propuesta de PPIS*, implementación, seguimiento, coordinación , evaluación
→ Derivaciones
→ Centrada en personas, sus entornos de relación y comunidad
→ Equipo profesional de Atención Primaria Básica: Equipo de Intervención Social (EIS), Unidades de Igualdad, y de apoyo jurídico y administrativo
→ Centros Sociales (Entidades locales)
→ Zona básica de servicios sociales
→ Comisiones de coordinación técnica: organizativa; valoración y seguimiento de las prestaciones económicas; de intervención social.

Atención Primaria Carácter ESPECÍFICO

→ Singularidad de la atención e intervención requeridas
→ Promover autonomía y desarrollo personal para mantener las personas en su entorno socio-familiar y favorecer la inclusión social
→ Más especializada o de mayor intensidad y subordinada a los objetivos del PPIS
→ Requiere la intervención previa de atención primaria de carácter básico:
o El plan de intervención requiere más especialización
o La estrategia de intervención no ha conseguido los resultados
o Se requieren recursos de respuesta ambulatoria, periódica, crónica, permanente, habitacional
o Se requiere un centro de atención integral y específica

La estructura competencial de los servicios sociales es la siguiente:

Cuadro nº1. Estructura competencial de los servicios sociales

Administración Local (Municipios por sí solos o asociados)	Administración Autonómica (Generalidad Valenciana)
Servicios de Atención primaria carácter básico (todos) Servicio de Atención primaria carácter específico: - Infancia y adolescencia - -Diversidad funcional/discapacidad y trastorno mental crónico	Servicio de Atención primaria carácter específico (podrían delegarse): → Atención diurna y nocturna → Atención ambulatoria → Alojamiento alternativo → Violencia de género y machista Servicios Atención Secundaria

Elaboración propia. Fuente: Decreto 27/2023, de 10 de marzo, del Consejo, por el cual se regulan la tipología y el funcionamiento de los centros, servicios y programas de servicios sociales, y la ordenación de estos dentro de la estructura funcional, territorial y competencial del Sistema Público Valenciano de Servicios Sociales. DOGV núm 9559, de 22.03.2023.

Formas de provisión y gestión de las prestaciones del Sistema Público Valenciano de Servicios Sociales

Las administraciones públicas incluidas en el Sistema Público Valenciano de Servicios Sociales proveerán a las personas de las prestaciones previstas a través de las modalidades siguientes:

a) Gestión directa o por medios propios (se incluye el sector público instrumental), que será la forma de provisión preferente.

b) Acuerdos de acción concertada con entidades privadas de iniciativa social.

c) Gestión indirecta (con entidades mercantiles) de acuerdo con alguna de las fórmulas establecidas en la normativa sobre contratos del sector público.

La provisión de las prestaciones por una administración pública diferente de la titular de la competencia se efectuará a través de cualquier de las fórmulas de colaboración y cooperación entre administraciones públicas previstas en el ordenamiento jurídico.

Las administraciones públicas proveen por medio de la modalidad de gestión directa (modalidad de personal propio uno organismo autónomo local de carácter administrativo) los servicios sociales siguientes:

1) los servicios de atención primaria de carácter básico

2) los servicios de atención primaria de carácter específico relativos a:

a. la infancia y la adolescencia,

b. de atención a las personas con diversidad funcional o discapacidad y específico de personas con problemas crónicos de salud mental

3) la prescripción de las prestaciones del Catálogo

4) la elaboración, el seguimiento y la evaluación del Plan Personalizado de Intervención Social (PPIS).

Servicios sociales de Atención primaria

Carácter BÁSICO

1-Acogida y atención a situaciones de necesidad social

2-Promoción de la autonomía personal

3-Inclusión social

4-Prevención e intervención con familias

5-Acción comunitaria

6-Asesoría técnica específica

7-Unidades de Igualdad

Carácter ESPECÍFICO

1-Infancia y adolescencia

2-Atención a personas con diversidad funcional o discapacidad y específico de personas con problemas crónicos de salud mental

3-Atención diurna y nocturna

4-Atención ambulatoria

5-Alojamiento alternativo

6-Violencia de género y machista

Programas de atención primaria

Carácter BÁSICO

Las entidades públicas podrán promover Programas Instrumentales.

También las entidades privadas de iniciativa social y mercantil

Carácter ESPECÍFICO

Las entidades públicas podrán promover Programas de atención primaria de carácter específico.

También las entidades privadas de iniciativa social y mercantil

Centros de atención primaria

Carácter BÁSICO

Centros sociales de Atención Primaria(Entidades Locales)

Punto atención social básico

Centro envejecimiento activo comunitario

Punto envejecimiento activo comunitario

Albergue para personas en situación de riesgo de exclusión

Centros residenciales de carácter convivencial sin apoyo comunitario

Viviendas colaborativas

Carácter ESPECÍFICO

Centros diurnos de carácter preventivo y/o ambulatorio:

Centras desarrollo infantil y atención temprana

Puntos de encuentro familiar

Centros Mujer

Centros envejecimiento activo

Centros de recuperación e inserción sociolaboral

Centros de rehabilitación, autonomía personal y participación social

Centros de día:

Centros de día de apoyo convivencia y/o educativo

Centros de día para mayor dependientes Centros de día para personas con diversidad funcional/discapacidad

Centros de día para personas con problemas de salud mental

Centros ocupacionales

Centros de día de inserción sociolaboral

Centros nocturnos:

Alojamientos familiares de estancias reducidas

Albergues

Centros residenciales de carácter convivencial:

Vivienda sin apoyo comunitario

Vivienda sin apoyo de transición para mujeres victimes de violencia de género y machista

Vivienda de apoyo limitado o intermitente para mujeres con diversidad funcional/discpaciat intelectual,

Vivienda de apoyo limitado o intermitente para personas con problemas de salud mental

Hogares de emancipación para jóvenes

Hogares de emancipación para mujeres con autonomía

Hogares de emancipación por apersones en situación o riesgo de exclusión

Viviendas de apoyo extenso para personas con diversidad funcional/discapacidad intelectual

Viviendas de apoyo extenso para personas con problemas de salud mental

1.3. SERVICIOS SOCIALES DE ATENCIÓN PRIMARIA DE CARÁCTER BÁSICO

La atención primaria de carácter básico se configura como el primer nivel, por proximidad, de acceso al Sistema Público Valenciano de Servicios Sociales, y constituye el primer referente de prevención, de protección, y atención a las situaciones de vulnerabilidad, a través de la información, asesoramiento, diagnóstico, pronóstico, intervención, acompañamiento y apoyo a todas las personas que lo requieran, sean cuales sean sus circunstancias a lo largo de su ciclo vital. Se caracterizan por un modelo de organización y funcionamiento definidos, con carácter universal y plena accesibilidad en la atención con prestaciones multidisciplinarias y polivalentes. Desarrolla funciones y dispone de prestaciones y servicios estructurados. Facilita la derivación a prestaciones específicas o secundarias, realizando un seguimiento de la prescripción realizada.

La atención primaria es una unidad sistémica con dos niveles de actuación, el básico generalista y polivalente y el específico. Este se caracteriza por la singularidad de la atención e intervención requerida y ofrecida en función de la naturaleza de las situaciones y de la intensidad de las prestaciones, y que tiene un carácter instrumental respecto del básico.

Los servicios sociales de atención primaria de carácter básico desarrollan, cada uno de ellos, unos programas estructurales que constituyen los ejes fundamentales de su actuación y ubicados en las zonas básicas de servicios sociales. Se podrán ejecutar otros programas que tendrán carácter instrumental y que serán adscritos a los servicios estructurales encargados obligatoriamente de dirigirlos y supervisarlos, ajustándose en todo caso a los objetivos del servicio del cual dependa, con independencia de su forma de financiación, gestión, o su titularidad. Algunos de ellos podrán ser gestionados por entidades de iniciativa social, tendrán que ser acreditados de manera exprés y contarán con personal propio. Los servicios de la atención primaria básica tendrán que proveerse, en todo caso, mediante la modalidad de gestión directa.

El equipo profesional de zona

El personal adscrito a los servicios estructurales de una zona básica constituye el Equipo de Profesionales de Zona, núcleo de intervención del Sistema Público Valenciano de Servicios Sociales. Este equipo está integrado por:

1. profesionales del Equipo de Intervención Social
2. profesionales de apoyo jurídico y administrativo
3. profesionales de las unidades de igualdad

La organización interna del equipo está vinculada a tres comisiones técnicas:

1. Comisión organizativa
2. Comisión de valoración y seguimiento de las prestaciones económicas
3. Comisión de intervención social

La atención a las personas usuarias será preferentemente presencial, y tendrá lugar, siempre que sea posible, en su propio entorno familiar o social.

La derivación desde los servicios sociales de atención primaria de carácter básico se formalizará mediante una anotación profesional en la historia social única o PPIS, si se requiere, que incluirá, además de los antecedentes de interés, la situación actual, las intervenciones realizadas, el resultado de las mismas y el motivo por el cual se realiza la derivación.

Pla personalizado de intervención social (PPIS)

El plan personalizado de intervención social (PPIS) es el instrumento dirigido a las personas usuarias, familias o unidades de convivencia, diseñado para garantizar el carácter integral de la atención, su continuidad, trazabilidad y homogeneidad en las intervenciones entre diferentes equipos profesionales.

El PPIS tiene que recoger, al menos, los aspectos siguientes:

1. Diagnóstico de la situación y valoración de las necesidades de atención que identifique explícitamente las capacidades y las potencialidades de la persona y su familia, y el plazo estimado para realizar todo el proceso.

2. Planificación de las actuaciones, acuerdos y compromisos tomados entre la persona, su familia o unidad de convivencia y los equipos profesionales implicados. El PPIS, sobre el cual tienen que ser informadas la persona y su familia o unidad de convivencia, hay que consensuarlo. En caso de desacuerdo, tiene que prevalecer el criterio técnico en las situaciones de riesgo o desprotección social.

3. Indicadores y la periodicidad del seguimiento que permita la evaluación de la consecución de los objetivos y reorientar, en su caso, la intervención y las actuaciones.

A efectos del SPVSS, se considerará plan personalizado de intervención social (PPIS) cualquier otra denominación sobre proyectos o programas de intervención a las cuales pueda referirse la legislación de diferentes colectivos o ámbitos de actuación como:

• el Proyecto de Intervención Personal, Social y Educativo Familiar (PISEF) (Infancia y adolescencia)

• el Programa Individual de Atención (PIA) (Dependencia)

1.3.1. ARTICULACIÓN DE SERVICIOS SOCIALES, PRESTACIONES, PROGRAMAS Y CENTROS DE ATENCIÓN PRIMARIA - CARÁCTER BÁSICO

SERVICIO DE ACOGIDA Y ATENCIÓN ANTE SITUACIONES DE NECESIDAD SOCIAL

Prestaciones

1. Información, orientación y asesoramiento sobre las prestaciones del SPVSS.

2. Análisis y valoración de las situaciones de necesidad.

3. Atención a las situaciones de urgencia social.

4. Prestaciones económicas de urgencia social y desprotección.

5. Prestación económica para las víctimas de violencia de género y machista.

6. Promoción de la accesibilidad universal.

Programas estructurales del servicio:

1. Programa de Acogida

2. Programa de urgencia social

SERVICIO DE PROMOCIÓN DE LA AUTONOMÍA PERSONAL

Prestaciones:

1. Prevención y promoción de la autonomía.

2. Atención profesional domiciliaria y programa de apoyo a domicilio.

3. Apoyo a las personas cuidadoras.

4. Información, orientación y asesoramiento individual, familiar o de la unidad de convivencia.

5. Mediación familiar.

6. Prestaciones económicas vinculadas al servicio.

7. Prestaciones económicas para cuidados en el entorno familiar.

8. Prestaciones económicas de asistencia personal.

9. Prestaciones económicas para la adquisición y mantenimiento de ayudas a la accesibilidad universal.

10. Prestaciones tecnológicas de mejora de la vida independiente.

Programas estructurales del servicio:

1. Atención y valoración de las personas en situación de dependencia

2. Promoción de la vida independiente

3. Acompañamiento a las familias y a las personas cuidadoras

4. Mejora de la autonomía personal a través de apoyos personales y domiciliarios

Programas Instrumentales:

1. Programa de atención domiciliaria

2. Programa para la prevención y promoción de la autonomía personal

3. Programa de apoyo a familiares y personas cuidadoras

4. Programa de teleasistencia

5. Otros programas instrumentales

SERVICIO DE INCLUSIÓN SOCIAL

Prestaciones:

1. Orientación individual, familiar o unidad de convivencia.

2. Intervención familiar o de la unidad de convivencia.

3. Mediación familiar.

4. Apoyo a la mediación judicial.

5. Apoyo a la inclusión social.

6. Garantía de ingresos básicos.

Programas estructurales

1. Renta valenciana de inclusión

2. Programa de prescripción de itinerarios para la inclusión social

Programas instrumentales

1. Programa de implementación de itinerarios de inclusión social

SERVICIO DE PREVENCIÓN E INTERVENCIÓN CON LAS FAMILIAS

Prestaciones:

1. Prevención y detección de situaciones vulnerables.

2. Orientación individual, familiar o de la unidad de convivencia.

3. Intervención familiar o de la unidad de convivencia en conflicto convivencial.

4. Mediación familiar.

5. Apoyo a la mediación judicial.

6. Atención psicosocial y socioeducativa.

7. Atención a la acogida en la infancia y la adolescencia.

8. Prestaciones económicas de acogida familiar.

9. Protección y acompañamiento ante situaciones de maltrato.

10. Declaración de riesgo y solicitud de situación de desamparo de las personas que lo requieran.

Programas estructurales del servicio:

1. Detección de situaciones de riesgo o desprotección e intervención familiar

2. Apoyo y seguimiento de la acogida familiar en la localidad.

Programa estructural opcional: atención al desarrollo infantil (ADI).

Programas instrumentales:

1. Programa de coordinación socio educativa de colectivos vulnerables

SERVICIO DE ACCIÓN COMUNITARIA

Prestaciones:

1. Prevención.

2. Mediación comunitaria.

3. Intervención y participación comunitaria.

4. Promoción de la animación comunitaria y la participación.

5. Promoción del asociacionismo.

Programas estructurales:

1. Programa de sensibilización y prevención

2. Programa de participación y promoción de la convivencia

3. Programa de promoción del voluntariado social

4. Programa de intervención en espacios vulnerables

Programas instrumentales

1. Programa de promoción de los derechos de la infancia y participación

Infantil

SERVICIO DE ASESORÍA TÉCNICA ESPECÍFICA

Prestaciones:

1. Información y asesoramiento jurídico a las personas usuarias.

2. Información, asesoramiento y tramitación jurídica al equipo de atención primaria.

3. Apoyo a la mediación judicial.

4. Protección jurídica y social.

5. Mediación familiar y comunitaria.

Programas estructurales:

1. Programa de atención a nivel jurídico a la ciudadanía.

2. Programa asesoramiento y, acompañamiento jurídico a equipos profesionales de la atención primaria.

3. Programa de atención especializada a personas migrantes

Programas instrumentales:

1. Programa para la igualdad LGTBI

2. Programa de información y atención a personas migrantes, refugiadas y solicitantes de protección internacional

3. Programa de asesoramiento a las víctimas de situaciones discriminatorias y delitos de odio

20

UNIDADES DE IGUALDAD

Programas estructurales:

1. Programa para la incorporación de la perspectiva de género en las políticas públicas municipales.

2. Programa de información orientación y asesoramiento personalizado a mujeres

3. Programa de prevención de la violencia de género y otras violencias sobre

4. las mujeres

5. Planes de Igualdad de las empresas (programa de informes técnicos y asesoramiento a empresas y entidades)

Programas instrumentales

CENTROS DE ATENCIÓN PRIMARIA DE CARÁCTER BÁSICO

1. CENTRO SOCIAL De ATENCIÓN PRIMARIA (Punto de Atención Social Básico).

2. CENTRO Y PUNTO De ENVEJECIMIENTO ACTIVO COMUNITARIO:

a. Centro de Envejecimiento Activo Comunitario (CEA)

b. Puntos centro de envejecimiento activo comunitario

3. ALBERGUE PARA PERSONAS EN SITUACIÓN O RIESGO De EXCLUSIÓN SOCIAL

4. CENTROS RESIDENCIALES DE CARÁCTER CONVIVENCIAL SIN APOYO: COMUNITARIOS.

5. VIVIENDAS COLABORATIVAS

1.4. SERVICIOS SOCIALES DE ATENCIÓN PRIMARIA DE CARACTER ESPECÍFICO

La atención primaria de carácter específico constituye un nivel de actuación complementario a la atención primaria de carácter básico. Su intervención apoya y continuidad a esta, cuando la naturaleza de las situaciones y la intensidad de las intervenciones requeridas así lo aconsejan. Posee, pues, un carácter instrumental, y se caracteriza por la singularidad de la atención que presta, si bien comparte un mismo objeto con la primaria de carácter básico: la atención a las personas, familias y unidades de convivencia en su propio entorno y desde un enfoque comunitario.

La atención primaria de carácter básico y la atención primaria de carácter específico conforman, pues, una unidad sistémica, que presenta dos niveles de actuación. Esta configuración obliga a disponer de estructuras organizativas muy coordinadas, que aseguran la continuidad y la trazabilidad del proceso, así como una atención integral basada en el trabajo en red y capaz de llevar a cabo actuaciones profesionales orientadas a la consecución de sinergias, siempre bajo la dirección de los servicios estructurales de la atención primaria básica y, en particular, de la persona profesional de referencia.

Los servicios estructurales de atención primaria de carácter específico estarán situados, preferentemente, en el centro social del municipio del área que cuenta con una mayor población, si bien los programas adscritos a ellos podrán ser distribuidos entre otras localidades por la entidad local de la cual dependan administrativamente, siempre que dispongan de centro social. Los centros adscritos a los servicios estructurales de competencia de la Generalitat valenciana se situarán en el territorio del área conforme al que se prevé en el plan estratégico, de acuerdo con criterios de población y teniendo en cuenta la existencia de vías efectivas de comunicación y la necesidad de llevar a cabo una distribución equitativa de los recursos disponibles.

1.4.1. ARTICULACIÓN DE SERVICIOS SOCIALES, PRESTACIONES, PROGRAMAS Y CENTROS DE ATENCIÓN PRIMARIA - CARÁCTER ESPECÍFICO

SERVICIO DE INFANCIA Y ADOLESCENCIA

1. Equipos específicos de intervención con infancia y adolescencia (EEIIA)

2. Programa de medidas judiciales de régimen abierto

3. Programa de intervenciones técnicas de acogida en familia educadora

4. Programa de apoyo a la emancipación y la autonomía personal (MENTORA)

5. Programa de atención telefónica y telemática a la infancia

6. Programa de atención a niños, niñas y adolescentes víctimas de violencia sexual (SAANA).

7. Programa de intervenciones técnicas en adopción

SERVICIO DE ATENCIÓN A PERSONAS CON DIVERSIDAD FUNCIONAL Y ESPECÍFICO DE PERSONAS CON PROBLEMAS DE SALUD MENTAL CRÓNICOS

Programa de atención y seguimiento de las personas con dificultades asociadas a la salud mental (SASEM)

SERVICIO DE ATENCIÓN DIURNA Y NOCTURNA

1. Centro de acogida para personas sin hogar

2. Alojamientos familiares temporales de estancias reducidas (AFTER)

Centros de día para personas mayores dependientes con alojamientos familiares temporales de estancias reducidas. (AFTER).

Residencias para personas mayores dependientes con alojamientos familiares temporales de estancias reducidas. (AFTER).

3. Centro de día de apoyo convivencial y educativo para niños, niñas y adolescentes

22

4. Centro de día de inserción sociolaboral para personas adolescentes y jóvenes

5. Centro de día para personas mayores en situación de dependencia o con necesidades afines

6. Centros de día para personas con diversidad funcional física

7. Centros de día para personas con diversidad funcional intelectual

8. Centro Ocupacional para personas con diversidad funcional intelectual

9. Centro de día para personas con problemas de salud mental grave

SERVICIO DE ATENCIÓN AMBULATORIA

Punto de encuentro familiar

Centro de rehabilitación, autonomía personal y participación social (CRAPPS)

Centro de recuperación e inclusión social y sociolaboral para personas con problemas de salud mental (CRESOL)

Centros de desarrollo infantil y atención temprana (CDIAT)

Centro de envejecimiento activo (CEA)

SERVICIO DE ALOJAMIENTO ALTERNATIVO

Centros residenciales de carácter convivencial:

De apoyo limitado o intermitente:

1. Para personas con diversidad funcional intelectual

2. Para personas con problemas de salud mental

3. Hogares de emancipación

4. Para mujeres con autonomía

5. Para personas en situación o riesgo de exclusión

De apoyo extenso:

1. Personas con diversidad funcional intelectual

2. Para personas con problemas de salud mental

SERVICIO DE VIOLENCIA DE GÉNERO Y MACHISTA

1. Red centres-mujer

2. Programa de atención telefónica y telemática de ayuda a mujeres víctimas de violencia

3. Programa de atención a mujeres víctimas de explotación

1.5. ATENCION SECUNDARIA

La atención secundaria constituye el segundo nivel de atención para la provisión de servicios y prestaciones especializados. Es el nivel que refuerza la atención primaria cuando la situación personal y/o social de la persona requiere una intervención integral de mayor intensidad que haga necesario distanciar la persona de su núcleo de convivencia y de su contexto social. Se trata de una atención profesional de carácter especializado y sostenida en el tiempo que se concreta en la provisión de atención residencial integral. La atención se ofrece mediante la metodología de la atención integral centrada en la persona. En el supuesto de los casos de personas víctimas de violencia de género y machista y de personas menores de edad la atención secundaría tendrá un carácter temporal para devolver la persona a sus condiciones de vida normalizadas.

Los centros residenciales de atención secundaria son competencia de la Generalitat Valenciana.

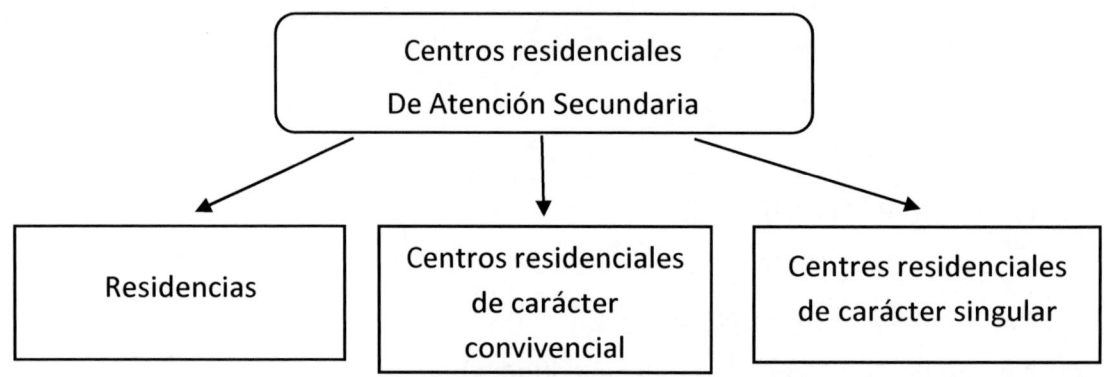

Residencias

Centros de recuperación integral para mujeres víctimas de violencia de género y machista
Residencias de acogimiento general para niños, niñas y adolescentes
Residencias de acogida específicas para adolescentes y jóvenes con problemas graves de conducta
Residencias socioeducativas para personas menores de edad en conflicto con la ley
Residencias para personas con problemas de salud mental
Residencias para personas con diversidad funcional intelectual
Residencias para personas con diversidad funcional física y las residencias para personas mayores

Centros residenciales de carácter convivencial

Viviendas de intervención para mujeres víctimas de violencia de género y machista
Viviendas para mujeres víctimas de tráfico y prostitución
Hogares de acogida general para niños, niñas y adolescentes

Centros residenciales de carácter singular

Centros de emergencia para mujeres víctimas de violencia de género o machista
Centros de recepción de niños, niñas y adolescentes.

Las entidades públicas y privadas, de iniciativa social o mercantil, podrán promover la creación de centros para proveer prestaciones de los servicios sociales de atención secundaria, tendrán que ser autorizados e inscritos en el registro general de titulares de actividades, de servicios y centros de servicios sociales de la Comunidad Valenciana. En caso de que estos centros quieran formar parte o proveer prestaciones del catálogo de prestaciones del SPVSS tendrán que estar acreditados.

1.6. PRESTACIONES SOCIALES DEL SPVSS: DEFINICION Y TIPOLOGIA

Las prestaciones sociales del Sistema Público Valenciano de Servicios Sociales sueño las actuaciones que se ofrecen a la ciudadanía en materia de servicios sociales. Las prestaciones, tanto las de competencia de la Generalitat Valenciana o las de las entidades locales, se aplicarán mediante prescripción facultativa por parte de profesionales del Sistema Público Valenciano de Servicios Sociales en el marco del plan personalizado de intervención social.

Se trata de actuaciones concretas individuales y colectivas que pueden ser de carácter profesional, económico y tecnológico.

a) Prestaciones profesionales: comprenden el conjunto de intervenciones de carácter temporal o permanente, dirigidas a la prevención, rehabilitación, diagnóstico, atención en las situaciones de necesidad social y promoción de la autonomía y la inclusión social de la ciudadanía, así como la atención sociosanitaria y socioeducativa de esta.

b) Prestaciones económicas: consisten en entregas dinerarias, de carácter puntual o periódico, proveídas por las administraciones competentes a fin de mejorar la calidad

de vida y la autonomía, la atención a situaciones de urgencia, la atención sociosanitaria o la cobertura de las necesidades básicas, que permiten a la ciudadanía conseguir un nivel de vida digno.

c) Prestaciones tecnológicas: comprenden aquellas prestaciones de asistencia tecnológica y ayudas de carácter instrumental destinadas a la protección, mantenimiento o mejora de la autonomía y la inclusión social y garantía para la accesibilidad universal.

Las prestaciones podrán ser garantizadas o condicionadas de acuerdo con el Catálogo y carteras de prestaciones del Sistema Público Valenciano de Servicios Sociales.

25

Prestaciones garantizadas: son el conjunto de prestaciones del Sistema Público Valenciano de Servicios Sociales que, cumpliendo con los requisitos de acceso, podrán ser exigibles como derecho subjetivo, contando para tal fin con créditos ampliables.

Prestaciones condicionadas: son el conjunto de prestaciones del Sistema Público Valenciano de Servicios Sociales exigibles únicamente en caso de cumplimiento de los requisitos de acceso a aquella y disponibilidad presupuestaria.

Las prestaciones del Sistema Público valenciano de servicios sociales quedan determinadas en el instrumento denominado Catálogo de Prestaciones del Sistema Público Valenciano de Servicios (SPVSS) Sociales contemplado en la Ley 3/2019, de Servicios Sociales Inclusivos de la C. Valenciana. En este Catálogo se incluyen las prestaciones profesionales, económicas y tecnológicas, garantizadas y condicionadas para los niveles de atención primaria y secundaria.

CATÁLOGO DE PRESTACIONES DEL SISTEMA PÚBLICO VALENCIANO DE SERVICIOS SOCIALES

Se consideran prestaciones sociales las que figuran en el Catálogo de la Ley 3/2019, de Servicios Sociales Inclusivos de la C. Valenciana y las prestaciones del sistema para la autonomía personal y atención a la dependencia (SAAD). Las prestaciones sociales son las actuaciones desarrolladas por las personas profesionales de los servicios sociales valencianos orientadas hacia la promoción de la vida independiente y la autonomía social.

1.6.1. PRESTACIONES PROFESIONALES

1.6.1.1. Prestaciones profesionales garantizadas

El Catálogo de prestaciones del Sistema Público Valenciano de Servicios Sociales incluye las siguientes prestaciones profesionales garantizadas:

a) Información, orientación, asesoramiento.

Conjunto de medidas que facilitan información sobre las prestaciones disponibles del Sistema Público Valenciano de Servicios Sociales y sobre el acceso a aquellas, en una relación de ayuda profesional. Esta prestación será garantizada y gratuita para toda la ciudadanía.

b) Análisis y valoración de las situaciones de necesidad.

Comprende el estudio y el análisis de las necesidades sociales de la persona o, si es el caso, de la familia o unidad de convivencia y del entorno comunitario que permiten realizar un diagnóstico y valoración de la situación de las personas a lo largo de su ciclo vital, de acuerdo con los baremos previstos en la legislación específica que la desarrollo, sin perjuicio del reconocimiento del derecho que corresponda efectuar al órgano competente. Esta prestación será garantizada y gratuita para toda la ciudadanía.

c) Orientación individual, familiar o de la unidad de convivencia.

Provisión de orientación y apoyo a las personas a lo largo de su ciclo vital en el ejercicio de las funciones de cuidados, afectivas, educativas y de socialización que ejerce respecto de sus miembros familiares, así como la evaluación y realización del seguimiento de las funciones mencionadas, cuando existan situaciones de crisis, riesgo o vulnerabilidad. Esta prestación será garantizada y gratuita para toda la ciudadanía.

d) Intervención familiar o de la unidad de convivencia.

Conjunto de intervenciones técnicas que requieran una atención prolongada en el tiempo, dirigidas al asesoramiento, apoyo, seguimiento y acompañamiento a la familia o a alguno de sus miembros, cuando existan situaciones de crisis, riesgo, vulnerabilidad o desamparo. Esta prestación será garantizada y gratuita para toda la ciudadanía.

e) Prevención.

Contiene las actuaciones de sensibilización y promoción dirigidas a la ciudadanía del ámbito territorial de referencia, actuando sobre factores asociados a diferentes necesidades o fenómenos sociales, a fin de evitar su aparición, reaparición o permanencia en el tiempo. Con el fin de promover el ejercicio de los derechos sociales, así como las actuaciones comunitarias y de voluntariado social, se tienen que desarrollar actuaciones individuales, familiares, grupales y comunitarias en materia de delitos de odio, violencia de género y machista y sensibilización hacia el respecto a la diversidad, entre otras. Esta prestación tiene que estar garantizada y tiene que ser gratuita para toda la ciudadanía.

f) Mediación familiar y comunitaria.

Gestión de conflictos entre miembros de una familia, unidad de convivencia o comunidad de referencia por medio de un procedimiento voluntario y confidencial, con el fin de potenciar la comunicación y negociación hacia el éxito de un acuerdo viable y estable. Esta prestación será garantizada y gratuita para toda la ciudadanía.

g) Apoyo a la mediación judicial.

Actuaciones de apoyo a la gestión de conflictos entre adolescentes en conflicto con la ley y las víctimas, así como las personas en situación de vulnerabilidad social, entre otras posibilitando un proceso de negociación y comunicación a fin de conseguir un acuerdo estable y viable. Esta prestación será garantizada y gratuita para toda la ciudadanía.

27

h) Atención domiciliaria.

Intervención para la mejora de las condiciones de calidad de vida de las personas por medio de la atención domiciliaria a estas y a su familia, y, si es el caso, unidad de convivencia, de acuerdo con sus necesidades. Esta prestación será garantizada y gratuita para las personas en situación de dependencia. La prestación de atención domiciliaria, como mínimo comprenderá las siguientes:

1.r Ayuda a domicilio.

Cuidados y actuaciones realizadas principalmente en el domicilio y al entorno social de la persona con el fin de atender las necesidades de la vida diaria y de prestar apoyo personal de carácter polivalente y preventivo, seguimiento y acompañamiento para las personas y, en su caso, unidad de convivencia, que presentan dificultades físicas, intelectuales, cognitivas, de salud mental o sociales, o se encuentran en situación de vulnerabilidad. Para garantizar la eficiencia y la calidad en la provisión de la prestación, cuando corresponda, esta tendrá que coordinarse con el equipo de atención primaria de salud en los casos de atención a las personas en situación de dependencia y diversidad funcional o discapacidad, así como con los servicios de salud mental, si es el caso.

2.n Teleasistencia.

Atención personalizada a través de medios tecnológicos y de acompañamiento personal, entre otros, para facilitar la permanencia en el domicilio de las personas y proporcionar una respuesta inmediata ante situaciones de soledad, aislamiento, inseguridad, accidente o emergencia.

i) Atención psicosocial y socioeducativa.

Intervenciones de carácter interdisciplinario e integral en las cuales se desarrollan actuaciones de información, atención psicológica, seguimiento, apoyo educativo y social a la persona, familia y, si procede, unidad de convivencia. Esta prestación será garantizada y gratuita para toda la ciudadanía.

j) Intervención y participación comunitaria.

Actuaciones de carácter integral y dinámico que tiene por objeto facilitar el desarrollo personal, social y comunitario, garantizando la participación activa de la persona o colectivos. Esta prestación será garantizada y gratuita para toda la ciudadanía.

k) Promoción de la animación comunitaria y de la participación.

Acciones tendentes a favorecer procesos de participación, colaboración y cooperación social, a través de la intervención, promoción de la participación, el voluntariado y la ayuda mutua para estimular la implicación ciudadana en el desarrollo de la comunidad y en el fortalecimiento de los vínculos sociales. Esta prestación será garantizada y gratuita para toda la ciudadanía.

l) Atención a las necesidades básicas.

Actuaciones dirigidas a proveer la atención y cobertura de las necesidades básicas de personas, familias o si es el caso, unidad de convivencia. Esta prestación será garantizada y gratuita para toda la ciudadanía.

m) Atención de las situaciones de urgencias sociales.

Atención inmediata ante situaciones de carácter extraordinario o excepcional. Esta prestación tiene que estar garantizada mientras persista esta situación y tiene que ser gratuita para toda la ciudadanía.

n) Promoción de la accesibilidad universal en el sistema.

Contiene las acciones que facilitan la información y la comunicación entre el equipo de profesionales y la persona, con el objetivo de atender sus necesidades específicas. Esta prestación será garantizada y gratuita para toda la familia. Las modalidades que se prevén dentro de esta prestación incluirán, al menos, las siguientes:

1.a Intérprete de lengua de signos para personas usuarias de esta lengua.

2.ª Cualquier otro sistema de adaptación y apoyo en la mediación a la comunicación y en formato accesible.

3.ª Mediación en lengua extranjera para personas con graves dificultades de comprensión de cualquier de las lenguas oficiales de la Comunidad Valenciana.

o) Reconocimiento de discapacidad (diversidad funcional).

El reconocimiento y la emisión del certificado de la situación de las personas con discapacidad o diversidad funcional, donde se determina el tipo o grado, a fin de poder ejercitar el acceso a los derechos que se derivan. Esta prestación tiene que ser garantizada y gratuita.

p) Apoyo a la inclusión social.

Provisión de los apoyos y el acompañamiento personalizado orientado a la inclusión llena y efectiva en la sociedad, mejorando la situación social, laboral, sanitaria, educativa, habitacional y cultural, entre otras, favoreciendo una mejora del nivel de vida y de bienestar adecuados. Esta prestación será garantizada y gratuita para toda la ciudadanía.

q) Protección jurídica y social.

Actuaciones dirigidas a garantizar la protección jurídica y social por parte de la administración, para promover el ejercicio adecuado de la patria potestad, de la guarda o de la tutela o curatela por parte de quienes la tienen legalmente atribuida, o para ejercer directamente las funciones tutelares en la atención tanto de la infancia y la adolescencia como de personas adultas con capacidad de obrar modificada judicialmente. Las administraciones públicas velarán por la protección y el amparo a las víctimas de violencia de género y machista. Igualmente, se garantizará la protección debida a las personas mayores víctimas de violencia intrafamiliar.

r) Acogida de la infancia y la adolescencia.

Medida de protección ante situaciones de desamparo mediante la cual se proporciona a la persona protegida un lugar de residencia, una convivencia y una atención orientada a su desarrollo holístico y comunitario. Se priorizará la acogida familiar, sin perjuicio de la atención en hogares, así como en residencias, que tendrá carácter excepcional. Esta prestación será garantizada y gratuita para toda la ciudadanía.

s) Adopción.

Medidas de protección en beneficio del interés superior de la persona menor de edad que implica la ruptura total de vínculos jurídicos con la familia de origen y la constitución de una nueva filiación diferente de la biológica.

t) Alojamiento alternativo.

Atención integral en un alojamiento temporal o permanente, con el fin de prestar un espacio residencial a las personas que, por motivos sobrevenidos de cariz social, sanitario o derivado de la ausencia de familiares u otras redes de apoyo, requieren otras formas alternativas de convivencia. Se garantizará una atención integral y los apoyos necesarios para la promoción de la autonomía personal y la inclusión social y se proveerá una atención de carácter socioeducativo en los casos de emancipación de adolescentes y personas adultas que anteriormente hayan estado en centros bajo la tutela de la administración pública.

Esta prestación será garantizada y gratuita en situaciones de urgencia social, para las víctimas de violencia de género y machista y, si procede, para personas con diversidad funcional o discapacidad, con trastorno mental crónico, en situación de dependencia, y adolescentes y adultas que hayan estado o estén tuteladas por la administración pública.

u) Atención diurna o ambulatoria.

Intervención y prevención de situaciones de vulnerabilidad o de riesgo, a través de estrategias de empoderamiento personal, promoción de la autonomía personal, formativas, ocupacionales, culturales, rehabilitadoras, socializadoras, lúdicas y deportivas, así como de actividades socioeducativas.

En función de las características y necesidades de la población, así mismo, podrá tener por objeto la atención integral de carácter específico a las personas durante el periodo diurno para conseguir mejorar o mantener el mejor nivel posible de autonomía personal y apoyar las familias, unidades de convivencia o personas cuidadoras. La prestación mencionada podrá incluir la prestación de transporte adaptado requerido para trasladar al centro a las personas atendidas. Esta prestación será gratuita para toda la ciudadanía y garantizada para aquellas personas en situación de dependencia en los términos establecidos en su normativa de aplicación.

v) Atención temprana.

Intervención y prevención que pretende atender tan pronto como sea posible las necesidades transitorias o permanentes de la población infantil de 0 a 6 años con trastornos del desarrollo, discapacidad o diversidad funcional. Esta prestación ambulatoria tiene que ser garantizada y gratuita.

w) Viviendas colaborativas.

Equipamiento de carácter colectivo que puede integrarse en un edificio de viviendas o en un edificio singular, dirigido a personas con buen nivel de autonomía personal que decidan vivir de forma conjunta. Este modelo de convivencia permite la autopromoción y la autogestión y las personas tienen que tener las prestaciones correspondientes para el fomento de la autonomía personal.

x) Atención nocturna.

Atención integral y específica en establecimientos dirigida a mejorar o mantener el mayor nivel posible de autonomía personal ante situaciones de vulnerabilidad o riesgo, proporcionando una atención individualizada e integral, así como prestar apoyo a las personas cuidadoras, si es el caso. Esta modalidad será garantizada para aquellas personas en situación de dependencia en los términos establecidos en su normativa de aplicación. Entre las modalidades de atención nocturna de la atención primaria de carácter básico, se incluirán aquellos espacios de encuentro y relación, acogida, convivencia y ocio, así como aquellos servicios de higiene personal y de atención a las necesidades básicas. Esta modalidad será garantizada y gratuita para las personas en situación de vulnerabilidad o riesgo de exclusión social.

y) Atención residencial.

Atención integral y específica en un establecimiento, edificio, conjunto de viviendas o complejo residencial de forma organizada y, si es el caso, con carácter permanente de acuerdo con el ciclo vital de la persona. Esta prestación será gratuita para las mujeres víctimas violencia de género y machista y para las personas que se encuentran en situación de exclusión social. Así mismo, será garantizada para aquellas personas en situación de urgencia social o de dependencia en los términos establecidos en la normativa de aplicación.

z) Apoyo a personas cuidadoras.

Facilitación de una estancia de carácter temporal en residencias o servicios de atención diurna y nocturna, de personas mayores o con diversidad funcional o discapacidad, cuando las situaciones de necesidad individual o familiar requieran una atención que sustituya los cuidados que, de forma habitual, se prestan y se reciben en el ámbito

31

familiar. Esta prestación será garantizada para las personas en situación de dependencia, en los términos establecidos en la normativa vigente.

1.6.1.2. *Prestaciones profesionales condicionadas*

El catálogo de prestaciones del Sistema Público Valenciano de Servicios Sociales incluye las siguientes prestaciones profesionales condicionadas para aquellas situaciones no incluidas en el apartado anterior:

a) Alojamiento alternativo

b) Atención diurna o ambulatoria

c) Atención nocturna

d) Orientación socioeducadora

e) Atención residencial

1.6.2. PRESTACIONES ECONÓMICAS

El Catálogo de prestaciones del Sistema Público Valenciano de Servicios Sociales incluye las siguientes prestaciones económicas garantizadas, en los términos establecidos normativamente:

a) Garantía de ingresos básicos.

Tiene por objeto mejorar las situaciones de vulnerabilidad económica, social, laboral y cultural de las personas, facilitando su inclusión social y la cobertura de sus necesidades básicas. Está prestación será garantizada para toda la ciudadanía, de acuerdo con las diversas modalidades y requisitos establecidos en la normativa vigente y sus disposiciones reglamentarias.

b) Prestaciones económicas destinadas a cubrir las necesidades básicas y paliar las situaciones de urgencia social y desprotección, así como promover la autonomía personal.

Tiene por objeto paliar temporalmente la ausencia o insuficiencia de ingresos, de acuerdo con el que se determine reglamentariamente.

c) Prestación económica por acogida familiar.

Tiene por objeto apoyar económico a la familia acogedora de las personas menores de edad bajo la guarda o tutela de la Generalitat, en compensación con los gastos derivados de las obligaciones de velar por la persona menor de edad en la vida familiar. A tal objeto, la familia asume las obligaciones de alimentarla, educarla, y procurarle una formación integral, así como la plena participación en la vida familiar en un entorno afectivo durante el tiempo que duro la acogida.

d) Prestación económica vinculada al servicio.

Tiene por objeto la adquisición o acceso a un servicio de atención, de carácter personal y periódico. Esta prestación será garantizada, de acuerdo con los requisitos establecidos por la normativa estatal en materia de promoción de la autonomía personal y atención a las personas en situación de dependencia y su despliegue reglamentario autonómico.

e) <u>Prestación económica para cuidados en el entorno familiar.</u>

Tiene por objeto apoyar económicamente la labor que la persona cuidadora desarrolla en el entorno familiar y de conseguir la permanencia de las personas en situación de dependencia en su núcleo convivencial de origen, en el supuesto de que lo desee la persona beneficiaria y se considere idónea la atención en el Programa individualizado de atención.

f) <u>Prestación económica de asistencia personal.</u>

Tiene por objeto la promoción de la autonomía de las personas en situación de dependencia y garantizar el derecho a vivir de forma independiente, respetando sus preferencias, motivaciones e intereses. Esta prestación tiene que estar garantizada en los términos establecidos en su normativa reguladora estatal y autonómica de aplicación.

g) <u>Prestación económica para la adquisición y mantenimiento de apoyos a la accesibilidad universal.</u> Tiene por objeto facilitar la autonomía personal y el apoyo a la accesibilidad de las personas con diversidad funcional o discapacidad o movilidad reducida. Esta prestación será garantizada para toda la ciudadanía en conformidad con su despliegue reglamentario.

h) <u>Prestación económica para las víctimas de violencia de género y machista.</u>

Tiene por objeto apoyar a las víctimas de violencia de género y machista, a las mujeres por incapacidad y a sus descendentes a causa de muerte. Esta prestación será garantizada para las víctimas de violencia de género y machista, en conformidad con su normativa reguladora. La cuantía de las prestaciones económicas que no exceda del salario mínimo interprofesional no podrá embargarse.

1.6.3. PRESTACIONES TECNOLÓGICAS

Las prestaciones tecnológicas prevén las ayudas técnicas instrumentales para la autonomía personal y la comunicación, movilidad, transporte y apoyo a la accesibilidad universal con el objetivo de mantener la persona en su entorno habitual con un nivel adecuado de autonomía personal. Entre estas modalidades, tiene que estar garantizada y tiene que ser gratuita la prestación de atención telefónica para la protección social, que tiene por objeto ofrecer asistencia telefónica permanente destinada a la gestión de las demandas realizadas en relación a una situación de riesgo o desprotección, así como ofrecer información y asesoramiento social y, si es el caso, jurídico, así como la derivación a la prestación procedente, si es el caso.

1.7. PROGRAMAS DEL SPVSS: DEFINICIÓN Y TIPOLOGIA

Se entiende por Programa de servicios sociales el conjunto ordenado, planificado y metodológicamente orientado de actuaciones destinadas a intervenir ante situaciones específicas de necesidad de carácter individual, grupal, familiar o comunitario, con el fin de mejorar las condiciones de vida y reducir el riesgo de vulnerabilidad social, favorecer la inclusión social y garantizar el ejercicio de derechos sociales.

Los programas de servicios sociales pueden tener la consideración de programas estructurales e instrumentales y podrán ser obligatorios y opcionales.

1.   Programas estructurales: proveen una o más prestaciones básicas del Catálogo.

2.   Programas instrumentales: completan y complementan las prestaciones de los programas estructurales.

Programas estructurales son aquellos que vertebran los servicios, por lo cual no requieren autorización. Contemplan entre sus funciones la prescripción de las prestaciones y la elaboración, el seguimiento y la evaluación del plan personalizado de intervención social (PPIS), que siempre serán efectuadas por personas empleadas públicas de las entidades locales. Estos programas podrán gestionar una o varias prestaciones del catálogo.

Programas instrumentales son aquellos que no realizan las funciones de prescripción, seguimiento y evaluación del plan personalizado de intervención social, pero completan o complementan la intervención social en relación con estas, se adscribirán a un servicio, que tendrá que coordinarlos y vincular su actuación a un programa estructural. Estos programas podrán ser gestionados por entidades privadas.

Otros programas podrán ser desarrollados por las entidades titulares de actividades permanentes en el ámbito de los servicios sociales de la Comunidad Valenciana.

Programas obligatorios, con prestaciones garantizadas, son aquellos que tendrán que prestarse necesariamente en todas las zonas básicas de servicios sociales. Así mismo será obligatoria la implantación de determinados programas cuando la situación de necesidad de una zona así lo indique de acuerdo con la planificación estratégica de la consellería y los planes estratégicos de carácter zonal y/o local.

Programas opcionales son aquellos que no tendrán que prestarse necesariamente en todas las zonas básicas de servicios sociales atendida la potestad de cada entidad local para su implantación.

1.8. CENTROS DEL SPVSS: DEFINICIÓN Y TIPOLOGÍA

Un **Centro** de servicios sociales es una unidad organizativa, de carácter físico y funcional, dotada de una infraestructura material, con ubicación autónoma e identificable, donde se proveen servicios de atención integral de manera sostenida en el tiempo.

Los centros de servicios sociales pueden ser de carácter diurno, nocturno o residencial.

a) Son **centros diurno**s los que proveen sus prestaciones durante el día, podrán hacer su actividad dentro de la franja horaria comprendida entre las 07.00 horas y las 21.00 horas.

b) Son **centros nocturnos** los que proveen sus prestaciones durante la noche, podrán hacer su actividad dentro de la franja horaria comprendida entre las 20.00 horas y las 10.00 horas del día siguiente.

c) Son **centros residenciales** los que proveen prestaciones de atención residencial de manera continuada las 24 horas del día y constituyen el domicilio habitual de las personas usuarias durante su estancia.

Dentro de esta tipología básica, los diferentes ámbitos de intervención en servicios sociales podrán crear y desarrollar tipologías específicas en función de las características del colectivo y el perfil de las personas al cual se dirigen.

1.8.1. CENTROS DE ATENCIÓN DIURNA

Los centros diurnos se adscriben al nivel funcional de atención primaria.

Los de atención diurna tienen por objeto proveer a las personas usuarias una serie de prestaciones preventivas, ambulatorias, educativas, rehabilitadoras o asistenciales, destinadas a la promoción de su autonomía personal, así como de su inclusión social y laboral, con el fin de mantener a las personas usuarias en su entorno sociofamiliar.

De acuerdo con el tipo de atención que prestan, pueden ser:

1) **Centros de día**: son aquellos en los cuales se realizan las actividades diariamente, a lo largo de toda la jornada. Las actividades pueden ser de orientación, socioeducativas, psicosociales, ocupacionales/formativas, de estructuración personal y social o de rehabilitación de facultades físicas, psíquicas, sociales, incluso asistenciales, y comparten la finalidad de prevenir el deterioro y promover la autonomía personal y la inclusión social.

2) **Centros diurnos de carácter ambulatorio**: son aquellos en los cuales se realizan las actividades de manera intermitente o ambulatoria. Las actividades pueden ser de prevención, rehabilitación, convivencia, de promoción del ocio activo, de apoyo e

información especializada, o de mantenimiento y promoción de capacidades y habilidades. La frecuencia y la duración de estas actividades dependerán de lo que se establece en el PPIS de cada persona usuaria.

<u>De acuerdo con el tipo de actividades</u> que desarrollan, los centros de atención diurna pueden ser:

1) **Centros de atención diurna de desarrollo de prestaciones profesionales.**

Centros de servicios sociales de carácter básico. Proveen prestaciones profesionales que requieren de una unidad organizativa de carácter físico y funcional con ubicación autónoma e identificable: información, orientación y asesoramiento; análisis y valoración de situaciones de necesidad; orientación individual, familiar, o de la unidad de convivencia; intervención familiar o de la unidad de convivencia; mediación familiar y comunitaria; atención psicosocial y socioeducativa, entre otras.

2) **Centros de atención diurna de carácter convivencial.** Realizan actividades orientadas a promover la vida saludable, la autonomía personal y la inclusión social.

3) **Centros de atención diurna de realización de actuaciones de rehabilitación y asistenciales.** Prestan una atención especializada e intensiva a personas que presentan un importante deterioro funcional y requieren una intervención rehabilitadora integral, adaptada a sus circunstancias y necesidades, procurando en todo caso potenciar al máximo sus capacidades y desarrollar dentro de las posibilidades su autonomía personal. Pueden incluir actuaciones asistenciales para la realización de actividades básicas de la vida diaria, con el fin de evitar el alejamiento de su entorno sociofamiliar.

4) **Centros ocupacionales y de inserción sociolaboral.** Realizan actividades orientadas a la formación, la capacitación laboral, el desarrollo de habilidades sociales y el fomento de la autonomía de las personas usuarias.

1.8.2. CENTROS NOCTURNOS

<u>De acuerdo con el perfil</u> de las personas usuarias que atienen, los centros nocturnos pueden ser:

1) **Centros nocturnos destinados a personas en situación de dependencia.** Proporcionan alojamiento a personas en situación de dependencia en cualquiera de los grados. Proveen prestaciones orientadas a fomentar la autonomía de las personas usuarias y secundar o reforzar la labor de las personas cuidadoras. La atención que

36

prestan se ajustará a las necesidades concretas de las personas usuarias y sus cuidadores o cuidadoras.

2)Centros nocturnos destinados a personas en situación de vulnerabilidad social. Proporcionan alojamiento temporal a personas sin domicilio, como transeúntes, personas sin techo o migrantes, que se encuentran en situación de especial vulnerabilidad social. Se tendrán que proveer prestaciones diurnas de carácter complementario orientadas tanto a la atención de necesidades básicas, alimentación, higiene y limpieza, como la atención psicosocial, información, orientación y asesoramiento de acuerdo con la carta de servicios del centro.

1.8.3. CENTROS RESIDENCIALES

De acuerdo con el perfil de las personas usuarias que atienen, los centros residenciales pueden ser:

1) **Centros residenciales de carácter convivencial**. Son centros destinados al alojamiento temporal o estable de personas con un nivel de autonomía suficiente, de forma que con los apoyos necesarios pueden adquirir responsabilidades de autogestión y toma de decisiones, comprender, aceptar y cumplir las normas de convivencia y funcionamiento del centro, así como participar en una dinámica de relación y convivencia autónoma. Su finalidad es propiciar la mayor autonomía y desarrollo personal y la mayor inclusión social en el entorno de las personas usuarias.

Modalidades de centros residenciales de carácter convivencial:

En función de la intensidad de apoyo que requieren las personas usuarias, se distinguen las siguientes modalidades de centros residenciales de carácter convivencial:

1. Sin apoyo. Cuando las personas usuarias no requieran apoyo profesional específico para el manejo de sus asuntos personales y sociales, la realización de las tareas domésticas o la gestión de la vivienda, de forma que sus necesidades puedan ser atendidas por el equipo de intervención Social de los Servicios Sociales a Atención Primaria u otros recursos del sistema.

2. De apoyo limitado. Cuando las personas usuarias requieran un apoyo profesional mínimo o intermitente, tanto en el manejo de sus asuntos personales y sociales, como en la realización de las tareas domésticas y la gestión de la vivienda.

3. De apoyo extenso. Cuando las personas usuarias requieran un apoyo profesional permanente, tanto en el manejo de sus asuntos personales y sociales, como en la realización de las tareas domésticas y la gestión de la vivienda. Los hogares destinados a la acogida de niños, niñas y adolescentes serán, preferentemente, de carácter

convivencial de acogida general, en todo caso, de apoyo extenso y su nominación se la de Hogares de carácter convivencial para personas menores de edad.

2) **Residencias.** Son centros destinados al alojamiento estable de personas que necesitan apoyo y atención psicosocial de forma continuada y sostenida en el tiempo para realizar las actividades básicas o instrumentales de la vida diaria.

3) **Centros residenciales de carácter singular.** Son centros que tienen como objetivo la observación y el análisis de la situación de las personas usuarias, previamente a su derivación a un servicio o centro de la red ordinaria del sistema. La estancia de las personas usuarias en estos centros estará reglada y tendrá, necesariamente, una duración limitada.

1.8.4. CARACTERÍSTICAS ESPECIALES DE LOS CENTROS

Centros de servicios sociales de carácter sociosanitario

Tendrán carácter sociosanitario los centros de servicios sociales orientados a dar respuesta a situaciones de necesidad compleja que requieran una intervención de naturaleza mixta, social y sanitaria, de manera simultánea o secuencial, en cualquier caso, complementaria y estrechamente articuladas. La intervención social y sanitaria estarán imbricadas en un único proceso. Los servicios estarán incluidos en la misma cartera. El personal formará parte del mismo equipo profesional, que trabajará de manera interdisciplinaria y bajo el principio de unidad de acción.

Tendrán la consideración de centros de servicios sociales de carácter sociosanitario los centros residenciales y de atención diurna o nocturna dirigidos a las personas mayores, personas con diversidad funcional y personas con problemas de salud mental.

Centros de servicios sociales de carácter socioeducativos

Las residencias socioeducativas: son centros de carácter residencial y educativo destinados a la ejecución de las medidas judiciales de internamiento y permanencia de fines de semana en la Ley Orgánica 5/2000, de 12 de enero, reguladora de la responsabilidad penal de los menores. Son centros específicos para personas menores de edad en conflicto con la ley.

Las residencias socioeducativas terapéuticas: son centros de carácter residencial y educativo destinados a la ejecución de medidas judiciales de internamiento terapéutico en régimen abierto, semiabierto y cercado, según lo previsto en la Ley Orgánica 5/2000, de 12 de enero.

Los centros socioeducativos: tienen como finalidad la consecución de una convivencia ordenada, que haga posible tanto la promoción y el proceso educativo de los adolescentes y jóvenes, como el desarrollo de los diferentes programas individualizados de ejecución de las medidas y el ejercicio de las funciones de su guarda y custodia. A tal

38

efecto, el reglamento de régimen interior hará confluir protección y ejecución de las medidas.

Centros de servicios sociales de carácter complementarios

Son centros complementarios los que atienen personas usuarias del mismo ámbito de actuación en servicios sociales, aunque con características, necesidades y perfiles diferentes, por lo cual están adscritos a diferentes niveles funcionales o presentan modalidades diferentes de atención. Sus instalaciones podrán compartir las áreas correspondientes a los servicios generales (lavandería, cocina, limpieza...), pero tendrán que conservar espacios propios para el desarrollo de sus programas funcionales.

Centros con servicios deslocalizados

Cuando las características geográficas o sociodemográficas de una área o departamento dificultan el acceso de las personas usuarias en un centro, o la contratación de personal trabajador para la prestación del servicio, o no haya personas usuarias suficientes para cubrir las plazas, un mismo centro podrá proveer sus servicios en puntos de atención situados en diferentes poblaciones.

Centros de tipología mixta

Son centros de tipología mixta los que reúnen en unas mismas instalaciones dos o más centros de atención persones usuarias de diferentes ámbitos de actuación en servicios sociales. Los centros de tipología mixtos tendrán carácter excepcional y solo se justificarán en la existencia de zonas geográficas la baja densidad de población de las cuales, alta dispersión geográfica y riesgo elevado de despoblación dificulta la creación de centros otras tipologías.

Centros de carácter experimental o innovador

Son centros de servicios sociales de carácter experimental o innovador aquellos que desarrollan modalidades alternativas o innovadoras de atención.

Viviendas colaborativas

Son centros dotados de equipamiento de carácter colectivo que pueden integrarse en un edificio de viviendas o en un edificio singular, dirigido a personas con buen nivel de autonomía personal que deciden vivir de manera conjunta. Se basa en un modelo de convivencia que conjuga la autopromoción y la autogestión con espacios a compartir y tareas y actividades comunes. Las personas usuarias de estas viviendas podrán solicitar y obtener las prestaciones que los correspondan para la preservación de la autonomía personal.

EJERCICIO

1.9. LAS PRESTACIONES DE SERVICIOS SOCIALES DE LA CONSELLERIA DE SERVICIOS SOCIALES, IGUALDAD Y VIVIENDA DE LA GENERALITAT VALENCIANA (PRESTACIONES PROFESIONALES)

Las Prestaciones contempladas en este apartado se incluyen las actuaciones de carácter profesional en materia de servicios sociales que se ofrecen a la ciudadanía en la Comunidad Valenciana y se muestran en el web institucional de la Vicepresidencia segunda y Consellería Servicios Sociales, Igualdad y Vivienda. Todas ellas están organizadas siguiendo las diversas áreas de intervención sociales en que la Consellería estructura sus contenidos.

1.9.1. MAYORES

1.9.1.1. Tarjeta del mayor

Tiene como objetivo facilitar a las personas mayores el acceso a la cultura y el acceso a determinadas ventajas o descuentos en compras o servicios.

1.9.1.2. Programa de Vacaciones sociales

Se trata de ofrecer a los mayores de la Comunidad Valenciana la posibilidad de disfrutar de unos días de vacaciones en localidades turísticas de la Comunidad. Así mismo, se fomenta el intercambio social y cultural con un programa de actividades diseñado para el desarrollo personal, el tiempo libre y la promoción del envejecimiento activo. Desde la Administración General del Estado, el IMSERSO desarrolla su programa de turismo como un servicio complementario de las prestaciones del Sistema de la Seguridad Social española, con el objetivo de proporcionar a personas mayores estancias en zonas de costa y turismo de interior, contribuyendo con esto a mejorar su calidad de vida, su salud y la prevención de la dependencia.

1.9.1.3. Programa de Termalismo

El programa de termalismo social va destinado a los mayores para la prevención, rehabilitación y promoción integral de estos con el fin de mejorar su calidad de vida. El objetivo es ofrecer a los mayores la posibilidad de acceder a estaciones termales valencianas que, además de servir de descanso y para relacionarse socialmente, ofrecen terapias específicas para algunas patologías asociadas a la edad. El programa de Termalismo del IMSERSO se configura el Programa de Envejecimiento Activo que proporciona estancias en balnearios o en establecimientos hoteleros de estaciones termales de todo el territorio estatal.

1.9.1.4. Programa de atención domiciliaria

Es un servicio orientado a las personas y familias que presentan problemas para la realización de las actividades elementales de la vida diaria, proporcionándolos atención directa en el propio hogar mediante intervenciones que favorezcan su permanencia e integración en su entorno habitual.

Sus objetivos se orientan hacia:

- o Favorecer la permanencia de las personas mayores en su domicilio y entorno sociofamiliar.
- o Atender situaciones de crisis personal o familiar.
- o Colaborar con las familias cuando por sí mismas no puedan atender totalmente las necesidades del usuario.
- o Apoyar a las familias en sus responsabilidades de la vida diaria.
- o Favorecer en el usuario el desarrollo de capacidades personales y de hábitos de vida adecuados.

Las actividades que puede proporcionar son el apoyo en la limpieza y cuidado personal, la ayuda por comida, la supervisión, si procede, de la medicación y del estado de salud, el apoyo a la movilización dentro del hogar, el acompañamiento fuera del hogar, la facilitación de actividades de ocio al hogar, otras atenciones de carácter personal y tareas que se realizan de forma cotidiana al hogar (alimentación, ropa, limpieza y mantenimiento de la vivienda).

1.9.1.5. Programa de Comer en casa

Es un programa para mejorar la nutrición de los mayores, para entender que una nutrición adecuada contribuye a mejorar la salud, el bienestar y la calidad de vida de todos y, especialmente, de personas mayores. El objetivo es ofrecer una dieta saludable en el domicilio propio y adaptada a sus necesidades. El servicio consiste en la entrega diaria en el domicilio del usuario de las comidas, de lunes a viernes, excepto los días festivos de carácter nacional o autonómico.

1.9.1.6. Programa de Mayor a casa

Es un programa para mejorar las condiciones de vida de los/las mayores que permanecen en su domicilio, que les facilita los servicios básicos, no solo el de la comida diaria, sino el de lavar la ropa de cama y baño, así como la limpieza del hogar, y contribuir a mejorar su salud, el bienestar y la calidad de vida. El objetivo es facilitar la permanencia en su domicilio y/o el entorno familiar y social el mayor tiempo posible.

1.9.1.7. Programa de Teleasistencia

La aplicación de las nuevas tecnologías permite, con este recurso, que las personas usuarias contactan de forma automática con un servicio de respuesta inmediata al sobrevenir una situación de emergencia, de crisis de carácter social, familiar o sanitaria. Con este sistema de comunicación informático que se instala por la línea telefónica, la persona cuenta con un dispositivo (en forma de brazalete o colgante) que al pulsar entra en contacto verbal "manos libres" con el personal de una centralita para dar respuesta a la situación de emergencia. Este servicio funciona las 24 horas del día, los 365 días del año.

1.9.1.8. Centros de envejecimiento activo (CEA)

Los centros de envejecimiento activo (CEA) son centros diurnos de carácter ambulatorio que prestan atención profesional especializada y preventiva para personas mayores promoviendo el envejecimiento activo de manera saludable.

Se trata de un servicio diurno y ambulatorio que desarrolla actuaciones de prevención, rehabilitación, asesoramiento y apoyo personal con carácter periódico con el objetivo de contribuir a la autonomía personal de las personas. Son de titularidad de la Generalitat Valenciana.

1.9.1.9. Centros y puntos de envejecimiento activo comunitario (CEAC)

Son servicios de acción comunitaria para la prevención del riesgo de exclusión de las personas mayores por cualquier tipo de deterioro, por soledad no elegida o por cualquier otra circunstancia personal o social y de promoción del envejecimiento activo de manera saludable en la comunidad de referencia. Son de titularidad de la Administración local. Los puntos de envejecimiento activo comunitario serán espacios que podrán plantearse para municipios con una población inferior a 3.000 habitantes.

1.9.1.10. Residencias para mayores

Conjunto de espacios y servicios configurados como agrupación de unidades de convivencia (módulos) destinados a la atención integral y continuada de personas mayores, promoviendo su autonomía y potenciando sus capacidades. Prestarán servicios de alojamiento, manutención y atención a las necesidades básicas de las personas residentes, y atenderán, además, las necesidades particulares derivadas de su situación personal y social, desde un enfoque de vivencia de la vida cotidiana.

1.9.1.11. Plazas sociales en residencia y centro de día para mayores no dependientes

Son plazas para la atención de mayores en centros residenciales y centros de día de la red pública de centros y servicios de la Comunidad Valenciana sin tener reconocida una situación de dependencia.

Estas plazas van destinadas a:

a) Mayores de 65 años que hayan acabado la actividad laboral o profesional y pensionistas mayores de 60 años que estén en una situación de vulnerabilidad o especial necesidad para estar en alguno de los supuestos del apartado siguiente.

b) Excepcionalmente, también pueden acceder menores de esta edad cuando su situación de dependencia social lo requiera y no sean susceptibles de ser atendidos en otro tipo de recursos sociales o sanitarios.

c) Quedan fuera de su ámbito de aplicación quienes estén en una situación permanente en algún grado de dependencia que da derecho al recurso que solicitan. Estos casos tienen que tramitarse por el procedimiento de reconocimiento de la situación de dependencia.

En estos casos hay que estar en alguna de las situaciones siguientes:

Cuadro nº 2. Situaciones de plazas sociales residenciales y de centro de día.

1)Emergencia social	
2)Exclusión social	
3)Urgencia sociosanitaria	
4)Reagrupación familiar	
5)Personas mayores autónomas	

Elaboración propia. Fuente: Generalitat de Valencia. Vicepresidencia segunda y Consellería Servicios Sociales, Igualdad y Vivienda. (2024): Plazas sociales en residencia y centro de día para mayores no dependientes. Recuperado de: https://inclusio.gva.es/va/web/mayores/plazas-sociales-de-residencia-y-centro-de-dia-para-personas-mayores-no-dependientes

1.9.1.12. *Centros de día para mayores en situación de dependencia o con necesidades afines*

Centro de día que presta atención integral e individualizada a personas mayores con el fin de mantener o mejorar el mayor nivel de autonomía posible y de independencia y la vinculación con su entorno sociocomunitario. Pretende ofrecer apoyos de diferente tipo a personas que presentan limitaciones funcionales o de sus capacidades, que impidan el mantenimiento de su autonomía personal en la realización de las actividades de la vida diaria, a través de un plan de atención que incluya un tratamiento integral de sus limitaciones y la atención asistencial que requiera para favorecer, en la medida de lo posible, la permanencia en los entornos naturales de la persona.

Estos centros van dirigidos a:

- Personas mayores de 60 años
- Con problemas de dependencia que presentan enfermedades crónicas, pluripatologia, con limitación de su autonomía y que requieran una atención sociosanitaria especializada, supervisión médica, atenciones de enfermería o rehabilitación, que no se puedan prestar adecuadamente a su domicilio.
- Con carácter excepcional los centros de día podrán atender, con independencia de la edad, personas que se encuentran en alguna de estas situaciones:
- Enfermedades neurodegenerativas que no requieran atenciones sanitarias continuadas por la evolución de la enfermedad.
- Personas con enfermedades crónicas y patologías que generan problemas funcionales y/o cognitivos.
- Personas con enfermedades crónicas que comportan patología osteoarticular degenerativa y traumatológica.
- Personas que presentan secuelas funcionales postintervención quirúrgica o accidente.
- Personas con daño cerebral adquirido (ictus, accidente cerebrovascular, infarto cerebral, etc.).

Quedan excluidas las personas dependientes que requieran atenciones sanitarias intensivas y generalizadas y aquellas que presentan habitualmente problemas de conducta que perturben gravemente la convivencia y no puedan ser estabilizadas.

1.9.1.13. Viviendas tuteladas para personas mayores

Viviendas normalizadas que se configuran como hogares funcionales, insertados en el entorno comunitario, en los cuales conviven personas con diferentes necesidades de apoyo, en régimen de funcionamiento parcialmente autogestionado. Proveen los apoyos necesarios para la cobertura de sus necesidades básicas y la promoción de su autonomía personal y su inclusión social. Su régimen de funcionamiento tiene un carácter abierto y flexible, de forma que pueda adecuarse a las opciones vitales de cada persona, en un entorno seguro que los pueda impulsar hacia un proceso integral de desarrollo personal e inclusión social.

1.9.2. DIVERSIDAD FUNCIONAL

1.9.2.1. Tarjeta de Estacionamiento para personas con movilidad reducida de la Comunidad Valenciana

Para las personas con diversidad funcional que tengan reconocida la movilidad reducida, la tarjeta de estacionamiento les acredita para utilizar los aparcamientos reservados y disfrutar de los derechos que sobre estacionamiento y aparcamiento de vehículos privados que transportan personas con movilidad reducida. El modelo de la tarjeta tiene validez en todos los municipios del territorio español y estados miembros de la Unión Europea.

1.9.2.2. Playas y Parques Accesibles

Con el Plan de Playas Accesibles se pretende garantizar el acceso de las personas con movilidad reducida a la orilla de la playa con facilidad y bañarse con total seguridad, y además disponer en las localidades valencianas de un jardín adaptado a personas con movilidad reducida y/o diversidad funcional de cualquier tipo.

1.9.2.3. Servicio de intérprete y guía intérprete de lengua de signos

El servicio de intérprete y guía intérprete de lengua de signos consiste al facilitar las gestiones de carácter público, social, sanitario, judicial, laboral y cultural a cualquier persona sordociega cuando lo necesite. Puede ser solicitado por cualquier persona sorda, oyentes o entidades públicas que necesitan un intérprete o guía intérprete de lengua de signos española.

1.9.2.4. Centros de desarrollo infantil y de atención temprana (CDIAT)

Centros específicos, de carácter ambulatorio, compuestos por equipos multidisciplinarios que prestan, junto con el resto de los recursos sanitarios, sociales y educativos, una atención integral a los niños y niñas menores de 6 años, con trastornos de desarrollo o riesgo de sufrirlos, a su familia y entorno.

1.9.2.5. Centros ocupacionales para personas en situación de discapacidad intelectual

Son centros de atención diurna integral e individualizada para personas con discapacidad/diversidad funcional intelectual y necesidades de apoyo ligero y limitado. que no pueden integrarse en un centro especial de ocupación o empresa ordinaria, ni continuar en un centro de educación especial. Con necesidades de apoyo ligero y limitado, con una necesidad de supervisión intermitente para el mantenimiento o desarrollo de su autonomía personal en la realización de las actividades básicas de la vida diaria, y su inclusión social en las diferentes etapas de su ciclo vital.

1.9.2.6. Atención domiciliaria y servicios de apoyo personal

Cuando la situación individual o familiar de la persona con discapacidad/diversidad funcional sea de especial necesidad se efectuarán prestaciones personalizadas asistenciales gratuitas de carácter doméstico, psicológico, de mediación para garantía de la autodeterminación, rehabilitador, social, educativo y laboral dirigidas a facilitar la permanencia de la persona en su núcleo familiar o convivencial, sirvan de apoyo a las personas con diversidad funcional, familias o personas encargadas de su cuidado. Se presta por los equipos profesionales de servicios sociales de atención primaria de carácter básico en coordinación con el sistema sanitario.

1.9.2.7. Centros de día para personas con discapacidad/diversidad funcional física

Son centros de atención diurna integral e individualizada para personas con diversidad funcional física y necesidades de apoyo extensas o generalizadas. Algunos de estos centros podrán especializarse en la atención a personas que presentan necesidades de apoyo más especializadas, atendiendo su perfil cognitivo y motor (personas con daño cerebral adquirido, personas con discapacidad/diversidad funcional orgánica, parálisis cerebral).

1.9.2.8. Centros de día para personas con discapacidad/diversidad funcional intelectual

Centros de atención diurna integral e individualizada para personas con diversidad funcional intelectual y necesidades de apoyo extensas o generalizadas. Podrá haber centros específicos que alberguen personas que presentan necesidades de apoyo más especializadas atendiendo su perfil neuropsicológico, trastorno del espectro autista (TEA) y discapacidad intelectual con alteración de conducta grave que presentan autoagresiones, heteroagresiones y conductas graves contra el entorno.

1.9.2.9. Centro de rehabilitación, autonomía personal y participación social (CRAPPS)

Centro de servicios sociales que presta atención especializada de carácter ambulatorio a personas con discapacidad/diversidad funcional fisioorgánica, física sensorial, de grado leve-moderado, para su promoción de la autonomía y participación social que requieren apoyos intermitentes de carácter terapéutico, personal y social para conseguir el máximo funcionamiento autónomo en un contexto normalizado.

1.9.2.10. Residencia para personas con diversidad funcional intelectual

Centro residencial abierto y flexible, con atención integral sostenida en el tiempo, destinado a personas con discapacidad intelectual y con necesidades de apoyo extenso y generalizado que, por sus dificultades de integración y permanencia en su entorno familiar y comunitario, precisan una alternativa al hogar.

1.9.2.11. Residencias para personas con diversidad funcional física

Centro residencial abierto y flexible, con atención integral sostenida en el tiempo, destinado a personas con discapacidad/diversidad funcional física gravemente afectados, que precisarán de apoyo generalizado y especializado en actividades de la vida diaria y que presentan dificultades de inclusión y permanencia en su entorno familiar y comunitario.

1.9.2.12. Centros residenciales de carácter convivencial para personas con discapacidad funcional intelectual

Las viviendas tuteladas son viviendas normalizadas que se configuran como hogares funcionales, insertados en el entorno comunitario, en los cuales conviven personas con diferentes necesidades de apoyo, en régimen de funcionamiento parcialmente autogestionado.

El alojamiento en estos centros puede tener carácter de **apoyo limitado o intermitente:**

- Carácter indefinido: si se trata de una alternativa vital.
- Carácter temporal: para personas que hayan conseguido objetivos terapéuticos y de autonomía, previstos en recursos residenciales de atención secundaria y que, por lo tanto, sean capaces de vivir de manera autónoma, con seguimiento y apoyo profesional, que asegure la convivencia e inclusión de las personas en la comunidad. Así mismo, también tendrá carácter temporal desde la perspectiva de la promoción de la autonomía personal, hasta que pueda constituirse una vivienda sin apoyo o la persona usuaria inicie su propia vida independiente, después de acabar su proceso de recuperación en un centro residencial de atención secundaria.

En el caso de este centro, acoge a personas mayores de edad con diversidad funcional intelectual leve/moderada y un grado de discapacidad igual o superior al 33%, que no disponen de apoyo familiar o alternativo, y necesitan apoyo para gestionar sus asuntos personales, realizar las actividades de la vida diaria, acceder a un puesto de trabajo y utilizar los recursos comunitarios.

El alojamiento en estos centros puede tener carácter de **apoyo extenso:**

Estos centros son centros residenciales de carácter convivencial destinados a personas mayores de edad con diversidad funcional intelectual y un grado de discapacidad igual o superior a 65% que no disponen de apoyo familiar u otros apoyos alternativos, y requieran de apoyo moderado o extenso para gestionar sus asuntos personales de cualquier índole, la realización de actividades de la vida diaria, la inclusión social, la ocupación y la utilización de recursos comunitarios.

1.9.3. PERSONAS CON PROBLEMAS DE SALUD MENTAL

1.9.3.1. *Centro de día para personas con problemas de salud mental grave*

Centro de atención psicosocial especializado, en régimen ambulatorio y flexible, destinado a las personas con problemas de salud mental para ayudarlos a recuperar el máximo grado de autonomía.

Se trata de un recurso especializado de atención integral e individualizada a personas con problemas de salud mental grave y necesidades de apoyo extensas o generalizadas. Tiene como objetivo desarrollar procesos de recuperación individualizados e integrales que favorezcan la adquisición y recuperación de las habilidades y competencias personales y sociales. Proporciona apoyos directos en el entorno familiar que permiten a la familia o unidad de convivencia la mejora de la atención de su familiar en aspectos de salud, funcionamiento de la persona y sociofamiliar y coordinación con otros servicios de apoyo locales, evitando, en la medida de lo posible, su derivación a atención residencial. La asistencia en estos centros será compatible con la estancia en un centro residencial de carácter convivencial.

1.9.3.2. *Centros de recuperación e inclusión social y sociolaboral para personas con problemas de salud mental (CRISOL)*

Recurso especializado de atención integral e individualizada a personas con problemas de salud mental grave y necesidades de apoyo extensas o generalizadas. Tiene como objetivo desarrollar procesos de recuperación individualizados e integrales que favorezcan la adquisición y recuperación de las habilidades y competencias personales y sociales para mantener una estabilidad funcional y apoyar a su proyecto de vida y su inclusión social. Prestan un apoyo directo al entorno familiar o unidad de convivencia para la mejora de la atención de la persona en aspectos de salud, sociofamiliares y de coordinación con otros servicios de apoyo locales, evitando, en la medida de lo posible, su derivación a atención residencial. La asistencia en estos centros será compatible con la estancia en un centro residencial de carácter convivencial.

1.9.3.3. *Residencia para personas con problemas de salud mental*

Centro residencial abierto y flexible destinado a la atención integral de personas con problemas de salud mental de larga evolución que no requieren hospitalización, con necesidades residenciales y/o apoyo específico en un entorno convivencial estructurado, donde se trabaja con una perspectiva de recuperación orientada hacia la mejora de la autonomía de las personas desde un modelo comunitario. Ofrece una atención integral en un alojamiento alternativo a personas que requieren de protección y otras formas alternativas de convivencia. El recurso busca evitar la institucionalización de las personas en ámbitos residenciales, por circunstancias sobrevenidas de carácter social o personal o derivado de la ausencia de apoyo familiar u otras redes de apoyo.

1.9.3.4. Centros residenciales de carácter convivencial de apoyo limitado o intermitente

Viviendas normalizadas que se configuran como hogares funcionales, insertados en el entorno comunitario, en los cuales conviven personas con diferentes necesidades de apoyo, en régimen de funcionamiento parcialmente autogestionado. Estos centros proporcionan a estas personas los apoyos necesarios para la cobertura de sus necesidades básicas y la promoción de su autonomía personal y su inclusión social

Presta una atención de baja intensidad a personas con problemas de salud mental y un nivel medio/alto de autonomía personal y social.

1.9.3.5. Centros residenciales de carácter convivencial de apoyo extenso

Centro de carácter convivencial destinado a personas con problemas de salud mental grave que presentan un nivel abajo/mediano de autonomía y requieren apoyo extenso y una atención moderada para la realización de los actividades básicas e instrumentales de la vida diaria y la inclusión social. Las personas usuarias de estos centros recibirán una atención complementaria de los programas de rehabilitación y recuperación, de atención diurna o ambulatoria, y de las unidades de salud mental, teniéndose que coordinar en todo caso, con los servicios de atención primaria de carácter básico, a fin de complementar la prestación integral necesaria de las personas usuarias.

1.9.3.6. Centros residenciales de carácter convivencial de apoyo limitado o intermitente

Viviendas normalizadas que se configuran como hogares funcionales, insertos en el entorno comunitario, en los cuales conviven personas con diferentes necesidades de apoyo, en régimen de funcionamiento parcialmente autogestionado. Estos centros proporcionan a estas personas los apoyos necesarios para la cobertura de sus necesidades básicas y la promoción de su autonomía personal y su inclusión social.

Centro que presta una atención de baja intensidad a personas con problemas de salud mental y un nivel medio/alto de autonomía personal y social. La estancia tendrá una duración inicial de seis meses en un año, teniéndose que realizar una evaluación a los seis meses por indicación del equipo de intervención social, particularmente de la persona profesional de referencia, transcurrido ese tiempo, en la cual se valorará si la persona puede avanzar en una vida normalizada con el apoyo de la red primaria, prolongar su estancia de manera indefinida o ingresar en un centro residencial.

1.9.3.7. Centros residenciales de carácter convivencial de apoyo extenso

Centro de carácter convivencial destinado a personas con problemas de salud mental grave que presentan un nivel bajo/medio de autonomía y requieren apoyo extenso y una atención moderada para la realización de las actividades básicas e instrumentales de la vida diaria y la inclusión social.

Las personas usuarias de estos centros recibirán una atención complementaria de los programas de rehabilitación y recuperación, de atención diurna o ambulatoria, y de las unidades de salud mental, teniéndose que coordinar en todo caso, con los servicios de atención primaria de carácter básico, a fin de complementar la prestación integral necesaria de las personas usuarias.

1.9.3.8. Centro ocupacional para personas con enfermedad mental (COEM)

Son centros dirigidos a proporcionar a personas con discapacidad/diversidad funcional ocupación terapéutica para su ajuste personal, donde se desarrollan técnicas profesionales para su integración laboral y actividades convivenciales para su integración social. Las personas que pueden acceder son personas con discapacidad/diversidad funcional en edad laboral que no pueden integrarse en un centro especial de ocupación o empresa ordinaria.

1.9.3.9. Centro de rehabilitación, autonomía personal y participación social (CRAPPS)

Centro de servicios sociales que presta atención especializada de carácter ambulatorio a personas con diversidad funcional física-orgánica. Tiene por objeto la promoción de la autonomía y la participación social de personas con discapacidad/diversidad funcional física y sensorial que requieren apoyos intermitentes de carácter terapéutico, personal y social para conseguir el máximo funcionamiento autónomo en un contexto normalizado.

1.9.3.10. Centro de Referencia Estatal de Atención Psicosocial a personas con trastorno mental grave (CREAP)

La Administración General del Estado es la administración titular del Centro de Referencia Estatal para personas con enfermedad mental ubicado en València. Va dirigido especialmente a personas con trastornos mentales graves. El centro presenta una doble vertiente:

- El Servicio de Atención Especializada Directa se presta en régimen de centro de día, en régimen ambulatorio y residencial y cuenta con la colaboración y coordinación de los recursos de salud mental, servicios sociales y servicios de ocupación de las comunidades autónomas.
- En cuanto al Servicio de Referencia está especializado en la investigación, estudio y conocimiento de los sistemas de atención a personas con trastorno mental grave y sus familias.

1.9.4. INFANCIA, ADOLESCENCIA Y JUVENTUD

Las medidas de protección de menores son las actuaciones encaminadas a la prevención o erradicación de situaciones de riesgo y desamparo y garantizar el desarrollo integral de menores.

Situación de riesgo: situación que, por circunstancias personales, interpersonales o del entorno ocasiona un perjuicio para el desarrollo y/o el bienestar personal o social del/la menor, sin que sea necesaria la asunción de la tutela por ministerio de la ley para adoptar las medidas encaminadas a su corrección.

En las situaciones de riesgo, el perjuicio no tiene la gravedad suficiente para justificar la separación del núcleo familiar, por lo cual la intervención de la Administración pública se limita a intentar eliminar en la institución familiar los factores de riesgo. La apreciación, la intervención y la ejecución de medidas en las situaciones de riesgo son una competencia municipal y las situaciones de riesgo se abordan a través de medidas de apoyo familiar.

Situación de desamparo: Se considera situación de desamparo la que se produce de hecho a causa del incumplimiento o del imposible o inadecuado ejercicio de los deberes de protección establecidos por las leyes para la guarda de menores cuando quedan privados de la asistencia moral o material necesarias. En los supuestos de desamparo, la gravedad de los hechos aconseja la separación del/la menor del núcleo familiar causante de tal situación. El desamparo es declarado por la entidad pública que tenga encargo en el territorio respectivo la protección de menores. En el caso de la Comunidad Valenciana, la competencia es de la Generalitat, a través de la Vicepresidencia segunda y Consellería de Servicios Sociales, Igualdad y Vivienda, que actúa a través de sus servicios territoriales.

Las medidas de protección son las siguientes:

- La ayuda o el apoyo familiar en situaciones de riesgo
- La asunción de la tutela por ministerio de la ley, con declaración previa de la situación de desamparo del/la menor.
- La guarda
- La acogida familiar
- La acogida residencial
- La adopción

1.9.4.1. La ayuda o el apoyo familiar en situaciones de riesgo

La medida de Apoyo familiar: el apoyo a la familia es una medida de protección dirigida a cubrir las necesidades básicas del/la menor y mejorar su entorno familiar con el objetivo de mantenerlo- en unas condiciones que permiten su desarrollo integral.

Corresponde a las entidades locales el desarrollo y la aplicación de los recursos de apoyo a la familia, que pueden ser de carácter técnico o económico:

- Medidas de apoyo de carácter técnico: intervenciones de carácter socioeducativo o terapéutico que aplican los profesionales en favor del/la menor y de su familia para prevenir situaciones de desarraigo familiar. También tienen esta consideración los servicios que prestan las diferentes instituciones que facilitan el desarrollo de la vida familiar y permiten una mejor atención a los/a las menores.

- Medidas de apoyo de carácter económico, las prestaciones o ayudas que se facilitan cuando la causa determinante del riesgo para el desarrollo del/la menor procede de situaciones de carencia o insuficiencia de recursos económicos.

1.9.4.2. *Los Equipos Específicos de Intervención con infancia y adolescencia (EEIIA)*

Los EEIIA son Equipos Específicos de Intervención con Infancia y Adolescencia (EEIIA) que intervienen con niñas, niños y adolescentes que se encuentran en situación de vulnerabilidad, situación de riesgo (con o sin declaración), situación de desamparo o con medidas jurídicas de protección, y con todas las otras personas se considere necesario intervenir para conseguir el o los objetivos en el plan de trabajo. Trabajan las estrategias y recursos personales de afrontamiento, la mejora de las relaciones familiares o convivenciales desde la coordinación de los sistemas de protección (sistema educativo, de justicia, sanitario, fundamentalmente). El acceso al EEIIA se realiza previa derivación de los Servicios Sociales de Atención Primaria Básica.

1.9.4.3. *Servicio de Atención Diurna para la Infancia y Adolescencia*

Los servicios de atención diurna para la infancia y adolescencia se enmarcan dentro de la atención primaria de carácter específico del sistema público valenciano de servicios sociales.

Estos recursos tienen como objetivo el desarrollo de actuaciones preventivas dirigidas a la atención integral, holística y comunitaria de la infancia y adolescencia en situación de vulnerabilidad y/o riesgo de exclusión social.

Tipología de centros de día de infancia y adolescencia:

a) Centros de día de apoyo convivencial y educativo: son centros de atención diurna que realizan una tarea preventiva, proporcionando a los niños, niñas y adolescentes una serie de servicios de apoyo socioeducativo y familiar a través de actividades de ocio, culturales, ocupacionales y rehabilitadoras. Potenciando su desarrollo personal e integración social, con el objeto de favorecer su proceso de normalización y autonomía personal. Las actividades propias de estos centros, son de apoyo psicosocial, educativo, seguimiento escolar y actividades extraescolares y de colaboración en la normalización de las relaciones familiares.

b) Centros de día de inserción sociolaboral: son centros que realizan una tarea preventiva de inserción sociolaboral y educativa para adolescentes en situación de riesgo, proporcionando una serie de servicios de apoyo social, educativo y familiar, a través de actividades formativas, ocupacionales, rehabilitadoras, de ocio y culturales. Las actividades de estos centros van dirigidas a la adquisición de habilidades y a todas aquellas prestaciones que coadyuvan a la integración social y laboral.

1.9.4.4. La asunción de la tutela por ministerio de la ley, con la declaración previa de la situación de desamparo del/la menor

Las consecuencias jurídicas de la declaración de desamparo son las siguientes:

- Se asume por ministerio de la ley la tutela del/la menor (tutela automática).
- Se asume la guarda del/la menor, la cual se hace mediante acogida residencial o acogida familiar.

1.9.4.5. Tutela automática o tutela por el ministerio de la ley

La tutela se puede definir como el poder que concede la ley sobre la persona y los bienes o solo sobre una u otras de uno/a menor, en beneficio y para su protección, bajo control judicial. El objetivo de la función tutelar es la guarda y la protección de la persona y los bienes o solo de la persona o los bienes.

La tutela automática o administrativa es la que se refiere a los/a las menores desamparadas/desde que encarga a las entidades públicas de protección de menores que asuman automáticamente sin nombramiento previo. En el caso de la Comunidad Valenciana, la Generalitat es la tutora de los/las menores declaradas en desamparo. Esta tutela tiene una vocación de provisionalidad que se mantiene mientras subsisten se causas que determinan la intervención de la entidad pública. Comporta la suspensión de la patria potestad o de la tutela ordinaria.

1.9.4.6. La Guarda

La guarda comporta las obligaciones de velar por el/la menor, procurarle compañía propia, alimentación, educación y darle una formación integral. Cuando por circunstancias graves los pares/madres o tutores/as no puedan cuidarlo/la, podrán solicitar a la entidad pública competente que ésta asuma la guarda durante el tiempo necesario. Así mismo, la entidad pública asumirá la guarda cuando así lo acuerdo el/la juez en los casos en los cuales legalmente sea procedente.

La Generalitat asume temporalmente la guarda de menores como medida de protección, en los supuestos siguientes:

Cuadro nº3. Supuestos de ejercicio de la guarda de menores por la entidad pública de protección de menores

Cuando asume la tutela por ministerio de la ley, al amparo del artículo 172.1 del Código Civil	
Cuando titulares de la patria potestad o tutores/as lo solicitan en la Generalitat, justificando que no puedan atenderlo/la por circunstancias graves.	
Cuando el/la juez lo disponga en los casos en qué sea procedente legalmente.	
En cumplimiento de la obligación de prestarle atención inmediata, en tanto se lo identifica, se investigan sus circunstancias y se constata si se encuentra en situación de desamparo	

Fuente: Código Civil. Real Decreto de 24 de julio de 1889 por el que se publica el Código Civil.

54

Cualquiera que sea la forma como se haya asumido la guarda, esta se hará mediante la acogida familiar o la acogida residencial. La acogida familiar corresponde a quien determine las direcciones territoriales de la Vicepresidencia segunda y Consellería de Servicios Sociales, Igualdad y Vivienda; la acogida residencial corresponde al/la director/a del centro donde sea acogido/da el/la menor. A todos los efectos, las medidas de protección que se adopten mantendrán unidos a hermanos/as, ya sean de único o de doble vínculo.

1.9.4.7. Acogimiento familiar

La acogida familiar es una medida de protección que adopta la entidad pública competente en materia de protección de menores como forma de ejercer la guarda mediante la cual se otorga el cuidado de uno/a menor a una persona o un núcleo familiar, con la obligación de velar por la persona, tenerla en la compañía propia, alimentarla, educarla y darle una formación integral con el fin de que tenga una vida familiar que sustituya o complemente temporalmente la de origen. Para la adopción de esta medida se cuenta con los Equipos Específicos de Intervención con Infancia y Adolescencia Especializado en Infancia, Adolescencia y familia (EEIIA).

→ Atendida su finalidad, el acogimiento se clasifica en:

- Acogimiento simple: se caracteriza por su carácter transitorio, bien porque se prevea el retorno a su propia familia, o bien porque se constituye como una medida de protección de carácter más estable, lo que no excluye el que, en algún supuesto concreto, se pueda prorrogar esta acogida. En muchas ocasiones, la acogida familiar simple se emplea como medida preparatoria para otras diferentes, más definitivas.
  - Acogimiento permanente: para dotar de estabilidad familiar a los/las menores que no pueden acceder a la adopción ni es posible su retorno a la familia de origen.
  - Acogimiento Preadoptivo: una vez la entidad pública eleva la propuesta de adopción o cuando considere que, antes de elevar esta propuesta, sea necesario un periodo de adaptación a la familia.

→ Atendiendo al órgano que lo formaliza, según exista o no consentimiento de los padres/madres:

- Acogimiento Administrativo: es el que formaliza la entidad pública mediante contrato, siempre que padres/madres o tutores/as expresen su consentimiento a la acogida.
- Acogimiento Judicial: es el que se constituye por acto del/la juez a propuesta de la Entidad Pública, en el supuesto en que padre, madre o la persona tutora no dé su consentimiento a la acogida.

→ Atendiendo a la vinculación de la familia acogedora y menor, los acogimientos pueden ser:

- Acogimientos familiares en familia extensa, que son los que se formalizan con quienes están vinculados por una relación de parentesco, el objetivo de los cuales es evitar la desvinculación afectiva de su entorno familiar y mantenerlo/la. Se asimilan también los vínculos por una especial y cualificada relación con la familia (familias reunidas).

- Acogimientos familiares con familia educadora o ajena, que son los que se formalizan con quienes no tienen ninguna vinculación con el/a menor, en función del interés educativo de éste/a. Esta familia tiene que estar inscrita en el Registro de Familias Educadoras. La acogida en familia educadora puede ser especializado, y se hace con especial dedicación y disponibilidad.

→ Atendiendo a la dedicación, disponibilidad y relación con la entidad pública protectora, las familias acogedoras pueden ser:

- Genéricas: las familias declaradas aptas para la acogida de niños, niñas y adolescentes en quienes no concurre ninguna circunstancia cualificada que determino su especialización, y su disponibilidad está limitada a la formalización de acogimientos familiares temporales o permanentes de menores de edad que disponen de plan de protección elaborado.

- De atención inmediata: las familias que se ofrecen para esta modalidad son formadas y declaradas aptas, con valoración previa para formalización de acogimientos familiares de urgencia y tienen que estar disponibles las 24 horas de los 365 días del año.

- Especializadas: las familias declaradas aptas para la formalización de los acogimientos.

- De dedicación exclusiva: cuando así se determine por la Entidad Pública por razón de las necesidades y circunstancias especiales de la persona menor de edad en situación de ser acogido/a, percibiendo en tal caso la persona o personas designadas como acogedoras una compensación en atención a esta dedicación.

1.9.4.8. Acogida residencial

La acogida residencial es una medida de protección que adopta la entidad pública competente en materia de protección de menores como forma de ejercicio de la guarda, en virtud de la cual el/la menor es acogido/da en un centro donde recibe servicios de alojamiento, manutención, apoyo educativo y atención integral. El centro elabora un programa de intervención individualizado de este, en función de sus circunstancias personales y sociofamiliares, y fijará objetivos a corto, mediano y largo plazo.

Tipología de centros residenciales:

1.9.4.9. Residencia de acogida general para niños, niñas y adolescentes

Centro abierto de acogida general en el cual proporcionan a las personas residentes en situación de guarda o tutela administrativa, un lugar de residencia y convivencia, y una atención orientada a su desarrollo holístico y comunitario.

1.9.4.10. Centros de día de apoyo convivencial y educativo para niños, niñas y adolescentes

Centro destinado a la atención de niños, niñas y adolescentes que necesitan apoyo y seguimiento especializado, para presentar conductas disruptivas o para encontrarse en situación de riesgo o desprotección. Las personas podrán ser atendidas en horario diurno, sin necesidad de pernoctar ni de alojarse en el centro, permaneciendo en su domicilio habitual o, en su caso, en el centro residencial en el cual estén acogidas.

1.9.4.11. Centro de día de inserción sociolaboral para personas adolescentes y jóvenes

Centro destinado a la atención de personas adolescentes y jóvenes que requieren apoyo y seguimiento especializados durante su periodo de transición en la vida independiente, bien porque presentan comportamientos de inadaptación social, bien porque se encuentran en situación de vulnerabilidad, desprotección y/o dependencia. Las persones adolescentes y jóvenes son atendidos en horario diurno, sin necesidad de pernoctar ni de alojarse en el centro, permaneciendo en su domicilio habitual o, en un centro residencial.

1.9.4.12. Residencias de recepción para niños, niñas y adolescentes

Las residencias de recepción para niños, niñas, adolescentes y jóvenes son centros de atención inmediata e integral en el momento de producirse la necesidad derivada de su situación de vulnerabilidad o desamparo. Realizan el estudio de la situación personal, social y familiar quién está acogido/da y de su entorno, a fin de proponer la medida de protección que resulte más adecuada a su interés.

1.9.4.13. Residencia socioeducativa terapéutica para personas menores de edad en conflicto con la ley

Centro de carácter residencial y educativo destinado a la ejecución de las medidas judiciales de internamiento terapéutico, en régimen abierto, semiabierto y cercado, previsto en la Ley Orgánica 5/2000, de 12 de enero, reguladora de la responsabilidad penal de los menores de edad. Estas residencias serán de titularidad pública y gestión directa. El ingreso de una persona en una residencia socioeducativa terapéutica solo se podrá realizar en cumplimiento de acto o sentencia firme dictadas por la autoridad judicial competente.

1.9.4.14. Hogares de acogida general para niños, niñas y adolescentes

Centro de régimen abierto en el cual se proporcionará al niño, niña o adolescente, en situación de guarda o tutela administrativa, un lugar de residencia y convivencia y una atención orientada a su desarrollo holístico y comunitario. La educación integral potenciará al máximo las fortalezas de la persona protegida y su desarrollo intelectual, social, afectivo y de salud, proporcionando un ambiente seguro, enriquecedor y con oportunidades de relación para establecer vínculos positivos.

1.9.4.15. Adopción

La adopción es una institución jurídica constituida por resolución judicial que produce entre adoptadora/s y menor adoptado/da un vínculo de filiación, al mismo tiempo que extingue los vínculos jurídicos entre el adoptado/da y su familia anterior. La adopción se constituye por resolución judicial, que tiene en cuenta siempre el interés de quién es adoptado/da y la idoneidad de quien adopta para el ejercicio de la patria potestad. La entidad pública competente en materia de protección de menores propone la declaración de idoneidad que requiere de una valoración psicosocial de la situación personal, familiar, relacional y social de quien adopta, así como de su capacidad para establecer vínculos estables y seguras, sus habilidades educativas y su aptitud para atender un/a menor en función de sus circunstancias singulares.

1.9.4.16. Teléfono de la infancia (116111)

El teléfono un gratuito que funciona ininterrumpidamente las 24 horas en el día y tiene el objetivo general de centralizar las llamadas que denuncian o ponen de manifiesto presuntas situaciones de riesgo o desamparo de menores de edad. Ofrece una respuesta inmediata y reorienta la situación o la derivación a los organismos competentes para su investigación y/o intervención.

1.9.4.17. Servicio de Atención Psicológica de Menores Víctimas de Abusos

El Servicio de Atención Psicológica de Menores Víctimas de Abusos Sexuales y Menores Agresores/as de la Comunidad Valenciana es un servicio concertado por la Vicepresidencia segunda y Consellería de Servicios Sociales, Igualdad y Vivienda para la prevención y atención del abuso sexual de los niños/as. El servicio está destinado a menores víctimas de agresiones y abusos sexuales, así como a menores perpetradores/as de abuso. El acceso al servicio se hace exclusivamente a través de las direcciones territoriales de la mencionada Consellería y las víctimas serán objeto, por estar en una situación de riesgo o desamparo, de la intervención del sistema de protección de menores de la Comunidad Valenciana.

1.9.5. DIVERSIDAD

Las prestaciones del área Igualdad en la Diversidad se dirigen al fomento y desarrollo del valor de la diversidad, ya sea sexual, de género, familiar, étnica, cultural, religiosa y de creencia, lengua, situación de pobreza o diversidad funcional. Velan por la igualdad de trato y la no discriminación.

1.9.5.1. Familias numerosas

La condición de miembro de familias numerosas o familia monoparentales puede dar lugar a beneficios de tipo social, de conciliación de la vida familiar, de fomento laboral, de goce del ocio, cultura, deporte, educación, fiscales, vivienda, adquisición de bienes de consumo, facilidades por las administraciones públicas o por otras entidades privadas.

Las familias numerosas tienen que tener como mínimo la composición siguiente:

Si hay al menos un ascendiente que pueda ser titular:

- Tres hijos/as o más y un ascendiente.
- Dos hijos/as y un ascendiente, cuando al menos uno de los hijos/as sea discapacitado/diversidad funcional o esté incapacitado para el trabajo.
- Dos hijos/as y un único ascendiente por haber muerto uno/a de los progenitores/as.
- Dos hijos/as y dos ascendientes cuando estos estén incapacitados para trabajar o estén incapacitados o al menos uno/a de ellos tenga un grado de diversidad funcional igual o superior al 65%.
- Un hijo/a y al menos un ascendiente cuando la unidad familiar de la cual forma parte haya tenido reconocida la condición de familia numerosa con la categoría de honor.
- Dos hijos/as y al menos un ascendiente cuando, teniendo el título en vigor, los/las hijas/as sigan cumpliendo las condiciones para formar parte del título.

Para estar incluido en el título de familia numerosa como beneficiario es requisito:

El integrante en la unidad familiar incluida en el título

Pertenencia a una única unidad familiar:

A todos los efectos, la unidad familiar tiene que residir en la Comunidad Valenciana, convivir en el mismo domicilio, poseer la nacionalidad (o residencia legal) y tener alguna situación de dependencia económica para ser beneficiaria del título. Los/las hijas/as tienen que ser solteros/as, la edad de las cuales se establece:

- De manera general: tener menos de 21 años cumplidos.
- Cuando se están cursando estudios: el límite de edad se amplía hasta los 25 años, inclusivamente, mientras los/las hijas cursan estudios de educación universitaria en los diversos ciclos y modalidades, de formación profesional de grado superior, de enseñanzas especializadas de nivel equivalente a los universitarios o profesionales en centros sostenidos con fondos públicos o privados o cualesquiera otros de análoga naturaleza. Tendrán igual ampliación cuando cursan estudios encaminados a la obtención de un puesto de trabajo. También se amplía el límite de edad cuando cursan estudios encaminados a la obtención de un puesto de trabajo.
- En los casos de diversidad funcional o incapacitado para el trabajo no hay límite de edad.

Categorías:

Para determinar la categoría, los/las hijas/as con diversidad funcional o incapacitados para el trabajo se considerarán como dos hijos/as.

Hay dos categorías, general y especial, que se reconocen segundos el que sigue:

Categoría especial:

- Cinco o más hijos/as.
- Cuatro hijos/as cuando al menos tres provengan del mismo parto, adopción o acogida múltiples.
- Cuatro hijos/as cuando los ingresos anuales de la unidad familiar divididos por el número de miembros que la componen no superan en cómputo anual el 75% del indicador público de renta de efectos múltiples vigente (IPREM). Los cuatro hijos/as tienen que considerarse computables, es decir, que si alguno/a tiene una diversidad funcional al menos del 33% o está incapacitado para trabajar, contará como dos en este supuesto.
- Haber tenido reconocida la categoría de familia numerosa de honor de acuerdo con la ley 25/1971, de 19 de junio, y no haberla perdido antes de la entrada en vigor de la actual Ley de protección de las familias numerosas. La categoría especial se mantendrá independientemente del número de hijos/as, mientras haya algún/na que tenga los requisitos para ser incluido en el título de familia numerosa.

Categoría general:

- Todas las que con los requisitos para obtener el título de familia numerosa no estén incluidas en la categoría especial.

1.9.5.2. Familias monoparentales

Las familias monoparentales cuentan con apoyo y protección de los poderes públicos, a causa de su vulnerabilidad, especialmente en el caso de aquellas encabezadas por mujeres.

Se consideran familias monoparentales las siguientes:

a) Aquella formada por una persona y su descendencia, que esté inscrita en el Registro Civil solo con ella como progenitora.

b) Aquella formada por una persona viuda o en situación equiparable y la descendencia que hubiera tenido con la pareja desaparecida.

c) Aquella formada por una persona y las personas menores de edad que tenga en acogida por tiempo igual o superior en un año, y las mayores de edad que hayan estado en acogida permanente; o aquella formada por una persona que tenga la consideración de familia acogedora de urgencia-diagnóstico.

d) Aquella formada por una persona y su descendencia sobre la cual tenga en exclusiva la patria potestad.

Se considera familia en situación de monoparentalidad si está conformada de alguna de las maneras siguientes:

a) Aquella formada por una persona y su descendencia sobre la cual tiene la guarda y custodia exclusiva si los ingresos anuales de la unidad familiar, incluidas las pensiones de alimentos, divididos por el número de unidades de consumo son inferiores al 150% del IPREM vigente calculado en doce mensualidades.

b) Aquella formada por una mujer que ha sufrido violencia de género, de acuerdo con la Ley Orgánica 1/2004, de 28 de diciembre, de medidas de protección integral contra la violencia de género, y la descendencia sobre la cual tiene la guarda y custodia.

c) Aquella formada por una pareja y su descendencia, en la cual una de las personas progenitoras esté en situación de ingreso en la prisión o de hospitalización en un centro hospitalario, por un periodo ininterrumpido durante un tiempo igual o superior en un año, si los ingresos anuales de la unidad familiar, incluidas las pensiones de alimentos, divididos por el número de unidades de consumo son inferiores al 150% del IPREM vigente calculado en doce mensualidades.

d) Aquella formada por una pareja que convive y la descendencia, en la cual una de las personas progenitoras tenga reconocido un grado III de dependencia, la incapacidad permanente absoluta o la gran invalidez si los ingresos anuales de la unidad familiar, incluidas las pensiones alimentos, dividido por el número de unidades de consumo son inferiores al 150% del IPREM vigente calculado en doce mensualidades.

La unidad familiar considerada en situación de monoparentalidad estará conformada por la persona progenitora en situación de libertad o no hospitalizada en el caso c), o la persona progenitora que no esté en situación de dependencia o incapacidad para trabajar en el caso d), y su descendencia.

En ningún caso podrá obtener la condición de persona beneficiaria del título de familia monoparental la persona viuda o en situación equiparada que hubiera sido condenada, por sentencia firme, por la comisión de un delito doloso de homicidio en cualquier de sus formas, cuando la víctima es su pareja, expareja o persona con quien compartía descendencia.

Para que se reconozca y se mantenga la condición de familia monoparental o en situación de monoparentalidad, cada una de las personas descendentes tienen que cumplir las siguientes condiciones:

a) Encontrarse en alguno de los siguientes supuestos:

1.º Ser menor de 26 años.

2.º. Tener reconocido un grado igual o superior al 33 por ciento de diversidad funcional, la incapacidad permanente absoluta o la gran invalidez.

b) Convivir en la unidad familiar. Se entiende que la separación transitoria motivada por razón de estudios, trabajo, tratamiento médico, rehabilitación u otras causas parecidas, incluyendo los supuestos de fuerza mayor, privación de libertad de la persona progenitora o de la descendencia, o internamente, de acuerdo con la normativa reguladora de la responsabilidad penal de las personas menores de edad, no rompe la convivencia de la unidad familiar, aunque sea consecuencia de un traslado temporal al extranjero.

c) Depender económicamente de la unidad familiar. Se considera que hay dependencia económica siempre que la persona descendente no obtenga ingresos anuales superiores al 100 por ciento del IPREM vigente calculado en doce mensualidades. No se computan como ingresos las pensiones de orfandad, ni las de alimentos, ni otras prestaciones económicas.

Las personas integrantes de la unidad familiar tienen que tener la residencia efectiva en algún municipio de la Comunidad Valenciana con un periodo mínimo de doce meses ininterrumpidos e inmediatamente anteriores a la fecha de solicitud. Una familia monoparental, según los apartados a), b), c), d) o una familia en situación de monoparentalidad según los apartados a) y b), pierde esta condición en el momento en que la persona que encabeza la unidad familiar se case con otra persona o constituya una unión de hecho de acuerdo con la legislación vigente. También se pierde la condición si la unidad familiar deja de cumplir cualquier de las condiciones establecidas normativamente para tener este reconocimiento.

Clasificación de las familias monoparentales o en situación de monoparentalidad:

a) Categoría Especial

b) Categoría General

a) Categoría Especial:

• Las familias con dos o más personas descendentes.

• Las familias con una persona descendente cuando los ingresos anuales de la unidad familiar, incluidas las pensiones de alimentos, divididos por el número de unidades de consumo, no superan el 100 por ciento del IPREM vigente calculado en doce mensualidades.

• Las familias con una persona descendente que tenga reconocido un grado de discapacidad/diversidad funcional igual o superior al 33 por ciento, la incapacidad permanente absoluta o la gran invalidez.

• Las familias con una persona descendente, en que la persona que encabeza la unidad familiar tenga reconocido un grado de discapacidad/diversidad funcional igual o superior al 65 por ciento, la incapacidad permanente absoluta o la gran invalidez. Las familias formadas por una mujer que ha sufrido violencia de género, de acuerdo con la

Susana Sánchez-Flores (Universitat de València)

PRESTACIONES: ESTRUCTURA Y ORGANIZACIÓN
EN EL SISTEMA DE SERVICIOS SOCIALES Y DE DEPENDENCIA   Curso 2023/2024

Ley Orgánica 1/2004, por parte de persona progenitora, y la descendencia sobre la cual tiene la guarda y custodia.

b) Categoría General: las familias monoparentales o en situación de monoparentalidad no se encuentran en las situaciones descritas en el apartado de categoría especial.

DIVERSIDAD SEXUAL, GÉNERO E IGUALDAD DE TRATO

1.9.5.3. ORIENTA

La Ley valenciana de igualdad de las personas LGTBI (lesbianas, gais, trans, bisexuales e intersexuales) contempla un servicio público para atender la realidad y las necesidades de este colectivo. La oficina LGTBI ORIENTA de la Generalitat Valenciana está gestionada por entidades privadas para el asesoramiento y apoyo a personas del colectivo LGTBI, así como a sus familias y personas próximas.

1.9.5.4. IgualaT

Se trata de un servicio público de información, primer asesoramiento y orientación a las víctimas o personas relacionadas con situaciones discriminatorias y delitos de odio, así como cualquier situación que pudiera implicar la vulneración del principio de igualdad de trato. Son destinatarios del servicio todos aquellos colectivos que sufren discriminación por razón de su sexo, nacionalidad, origen racial o étnico, edad, orientación sexual, identidad y expresión de género, grupo familiar, desarrollo sexual, diversidad funcional o discapacidad, religión o creencias, ideas políticas, pobreza, lengua, cultura, enfermedad, estética o cuerpo. Por lo tanto, se atenderán las situaciones de discriminación que sufran, entre otras, personas con diversidad funcional o discapacidad, migrantes o de origen migrante y refugiadas, gitanas, LGTBI, personas con enfermedades que causan estigma social o con físico no normativo, personas sin hogar o en situación de pobreza, minorías religiosas y minorías lingüísticas en el ámbito de la Comunidad Valenciana.

MIGRANTES Y REFUGIADOS

1.9.5.5. Red de Oficinas de Atención a Personas Migrantes PANGEA

La Red de Oficinas de Atención a Personas Migrantes se enmarca en los servicios de acción comunitaria dentro de la atención primaria de carácter básico de los servicios sociales desde las entidades locales (concretamente, desde ayuntamientos y mancomunidades de la Comunidad Valenciana). Son oficinas de la Administración local que proporcionan de información, mediación, asesoramiento y orientación a las personas migrantes sobre los recursos de la Administración y de las entidades, como también de desarrollo de proyectos de interculturalidad. La Generalitat Valenciana fomenta la creación de estas oficinas en colaboración con las entidades locales que se prestan a formar parte de la red colaborar para coordinar las políticas de atención a las personas migrantes.

Susana Sánchez-Flores (Universitat de València)

1.9.5.6. Escuelas de Acogida

Las Escuelas de Acogida se enmarcan en un programa voluntario de comprensión de la sociedad valenciana que garantiza a los nuevos ciudadanos/as el conocimiento de los valores y las reglas de convivencia democrática, los derechos y los deberes, la estructura política y los idiomas oficiales de la Comunidad Valenciana. Es un recurso que acredita este compromiso de integración y que se pone a disposición de los inmigrantes mayores de edad que residen en la Comunidad Valenciana.

1.9.5.7. Atlas

Altas es un servicio público de información básica y atención especializada en materia de migración y refugio. Son destinatarias del servicio las personas migrantes, refugiadas y solicitantes de protección internacional que residen en la Comunidad Valenciana, así como el personal profesional de los servicios públicos o de las entidades del tercer sector que atienen a este colectivo. El servicio se presta desde tres oficinas provinciales, situadas en Alicante, Castelló y Sueca (València).

1.9.5.8. Centros residenciales de carácter convivencial sin apoyo: comunitarios

Viviendas normalizadas que se configuran como hogares funcionales, insertos en el entorno comunitario, en los cuales conviven personas con diferentes necesidades de apoyo, en régimen de funcionamiento parcialmente autogestionado.

Recursos comunitarios, para atender necesidades sobrevenidas, urgencias, primera acogida o como recurso de continuidad, a grupos de personas con un perfil común o con diferentes diagnósticos, de transición para la autonomía personal que pueden convivir de manera autónoma. Quedan bajo la supervisión del equipo de intervención social de la zona básica.

1.9.5.9. Centro residencial de carácter convivencial para personas en situación de riesgo de exclusión social.

Viviendas normalizadas que es configuran como hogares funcionales, insertos en el entorno comunitario, en los cuales conviven personas con diferentes necesidades de apoyo, en régimen de funcionamiento parcialmente autogestionado.

Centro residencial de carácter convivencial para personas en situación o riesgo de exclusión social que no disponen de alojamiento, ni de recursos para procurárselo y requieren de apoyos e intervención para la recuperación de su autonomía personal y su inclusión social. Se trata de un recurso dirigido a personas sin hogar, exreclusas, mujeres y hombres en situación de exclusión, personas migrantes y personas la enfermedad y las circunstancias de las cuales sociales les hayan llevado a una situación de exclusión.

1.9.5.10. Programa Hermanamiento Comunitario Valenciano

Tiene como objetivo la acogida de familias sirias procedentes de los campos de refugiados del Líbano. La acogida en varios municipios de la Comunidad Valenciana ha contemplado la provisión de su propia vivienda y del apoyo de Grupos Locales de

Patrocinio Comunitario formatos por personas voluntarias y coordinados por profesionales de las entidades sociales patrocinadoras.

DIVERSIDAD ÉTNICA, CULTURAL Y RELIGIOSA

1.9.5.11. *Kumpania*

Servicio social especializado e individualizado dirigido a la infancia y adolescencia gitana, su entorno social y familiar, para mejorar su situación socioeducativa, con el objetivo de graduar en la Educación Secundaria Obligatoria y favorecer la continuación en estudios postobligatorios. Este servicio, que la Administración de la Generalitat Valenciana tiene concertado con entidades privadas, desarrolla su actuación en colaboración con los servicios sociales municipales y los centros escolares de su zona.

1.9.5.12. *Centros atención/apoyo a la inmigración*

Son centros municipales que apoyan técnicamente en la intervención de los equipos de servicios sociales de atención primaria en materia de inmigración. Proporcionan la información, orientación y asesoramiento jurídico que en materia de extranjería necesitan las personas migrantes de la ciudad para su regularización documental. Diseñan y desarrollan programas y acciones socioeducativas para la convivencia social intercultural y la cohesión social. Facilitan la coordinación de las actuaciones de las diferentes administraciones públicas y las entidades de iniciativa social. Pueden ser también oficina de atención a personas migrantes y, incluso, desarrollar el programa de Escuela de Acogida.

1.9.6. SERVICIOS SOCIALES Y SISTEMA SOCIOSANITARIO

1.9.6.1. *Centros de Participación Ciudadana (CPC)*

Los Centros de Participación Ciudadana (CPC) surgen para posibilitar físicamente la participación, especialmente del movimiento asociativo de barrio o zonas desfavorecidas, donde realizan intervenciones de carácter integral (sanitarios, educativos, formativos, de inserción o fomento de ocupación, de seguridad, administrativos, de servicios sociales). Se ubica en el centro o sede de las diferentes asociaciones de barrio con una cierta representatividad y comprometidas en la intervención social, así como a local de actividades orientadas a la promoción de la convivencia impulsadas por las asociaciones de barrio y por los agentes sociales implicados en la intervención.

1.9.6.2. *Albergues*

El Albergue es una estancia temporal que presta servicio de atención ambulatoria y de baja exigencia de ámbito municipal y que realiza actuaciones dirigidas a proveer de la atención y la cobertura de las necesidades básicas, durante el día o durante la noche, a las personas en situación o riesgo de exclusión social.

65

- Albergue de día para personas en situación o riesgo de exclusión social: centro con horario de apertura diurno, donde se desarrollan programas y actuaciones orientadas a promover su inclusión social, ofreciendo prestaciones de manutención y atención a las necesidades básicas, así como desarrollando actuaciones básicas de prevención, rehabilitación, asesoramiento y apoyo social.

- Albergue nocturno para personas en situación o riesgo de exclusión social: centro con horario de apertura nocturno, que ofrece la prestación de alojamiento alternativo de emergencia para personas en situación o riesgo de exclusión social. Se complementará con prestaciones de manutención y atención a las necesidades básicas.

1.9.6.3. Centro de acogida para personas sin hogar

Centro de acogida que presta una atención integral con servicios de alojamiento, manutención, atención a las necesidades básicas de las personas en situación o riesgo de exclusión social, que se encuentran en situación de persona sin hogar, y con capacidad de inserción social y laboral. Puede ser con carácter de recuperación, de urgencia o para unidades familiares en situación de sin hogar y de extrema vulnerabilidad.

1.3.6.4. Comedores sociales

Los comedores sociales atienen las personas que requieren un apoyo para la nutrición básica y que se encuentran en situación de necesidad, de forma gratuita o mediante una aportación reducida.

1.9.7. MUJERES

1.9.7.1. La Red Centros Mujer

Red de centros de atención ambulatoria en los cuales se proporciona asistencia social, psicológica y jurídica especializada a mujeres víctimas de cualquier tipo de violencia.

Los centros-mujer tienen por objeto la atención jurídica y psicosocial a las mujeres víctimas.

1.9.7.2. Centro Mujer 24 horas (Centro Mujer 14 horas)

Son centros la finalidad de los cuales es dar una atención integral durante las 24 horas del día a las mujeres víctimas de agresiones físicas y/o psíquicas, acoso sexual y abusos sexuales. El servicio se presta en dos modalidades: atención directa y atención telefónica.

Sus funciones son:

- Atender de forma integral y continuada desde los diferentes enfoques profesionales los problemas de las mujeres víctimas de agresiones: maltratos físicos/psíquicos, violaciones, incesto, abusos sexuales y acoso sexual.

- Formar, informar, concienciar y sensibilizar la población sobre los problemas de violencia contra las mujeres.

66

- Elaborar informes anuales y estudios específicos sobre la violencia contra las mujeres.

1.9.7.3. Programa de atención telefónica y telemática de ayuda a mujeres víctimas de violencia.

Línea de atención telefónica y/o telemática gratuita de ayuda a mujeres víctimas de violencia, integrada en la red de centros-mujer, que funciona de manera ininterrumpida las 24 horas del día, todos los días del año.

1.9.7.4. Centro de emergencias para mujeres víctimas de violencia de género y machista

Centro residencial de corta estancia que ofrece acogida inmediata a las mujeres y sus hijos e hijas menores de edad que las acompañan, en situación de emergencia, donde se los proporciona alojamiento, manutención, protección, apoyo e intervención psicosocial especializada.

1.9.7.5. Centro de recuperación integral para mujeres víctimas de violencia de género y machista

Centro residencial especializado en la atención integral a mujeres víctimas de violencia de género y otras violencias, que necesitan de un alojamiento temporal prolongado a causa de la grave situación vivida por los maltratos sufridos, a la falta de apoyo familiar y/o a la ausencia de recursos personales y sociales, precisando un lugar de acogida para su recuperación integral y la salvaguardia de su integridad física y psíquica.

1.9.7.6. Centros residenciales de carácter convivencial.

Viviendas normalizadas que se configuran como hogares funcionales, insertos en el entorno comunitario, en los cuales conviven personas con diferentes necesidades de apoyo, en régimen de funcionamiento parcialmente autogestionado. Estos centros proporcionan a estas personas los apoyos necesarios para la cobertura de sus necesidades básicas y la promoción de su autonomía personal y su inclusión social. Se distinguen los siguientes tipos:

Comunitario: Serán recursos comunitarios, para atender necesidades sobrevenidas, urgencias, primera acogida o como recurso de continuidad, a grupos de personas con un perfil común o con diferentes diagnósticos, de transición para la autonomía personal que pueden convivir de manera autónoma. Quedan bajo la supervisión del equipo de intervención social de la zona básica.

Mujeres con autonomía: Recurso residencial especializado en la atención integral de mujeres víctimas de violencia de género y machista y otras violencias, junto a los hijos y las hijas menores de edad, que necesitan de un alojamiento temporal más prolongado a causa de la situación vivida por los maltratos sufridos y falta de apoyo familiar. Estas mujeres precisan de un lugar de acogida para su plena inserción, poseen recursos personales y autonomía de forma parcialmente autogestionada, esto permite su vuelta a la vida independiente.

Vivienda de intervención para mujeres víctimas de violencia de género y machista:

Centro residencial de carácter convivencial de apoyo limitado y parcialmente autogestionado, destinado a la atención integral de mujeres víctimas de violencia de género y otras violencias sobre las mujeres y sus hijos e hijas menores de edad y personas mayores en situación de dependencia, orientado a la recuperación de los daños sufridos por la violencia de género y machista, potenciando los recursos personales para realizar un proceso de inserción y autonomía.

Para Mujeres víctimas de tráfico y prostitución: Centro residencial de carácter convivencial y apoyo limitado especializado en la atención integral de mujeres víctimas de explotación sexual por tráfico de seres humanos y/o prostitución, solas o acompañadas de sus hijos e hijas menores de edad, con el fin de propiciar su recuperación integral y salvaguardar su integridad física y/o psíquica.

1.9.7.7. Programa ALBA: Atención a víctimas de explotación sexual en ámbitos de prostitución y/o tráfico de personas

El programa ofrece itinerarios de promoción y acompañamiento para asesorar y promover el acceso a derechos de las mujeres en situación de explotación sexual en contextos de prostitución y/o tráfico de personas. También ofrece alojamiento de emergencia en la red residencial en el momento en que una mujer a solas o con sus hijos e hijas decide abandonar la situación de explotación.

EJERCICIO

Capítulo 2. Prestaciones Básicas de Servicios Sociales (Prestaciones Económicas)

2.1. AYUDAS ECONOMICAS Y SUBVENCIONES EN SERVICIOS SOCIALES POR ÁREAS DE INTERVENCIÓN

Las ayudas económicas contempladas en este apartado incluyen las ayudas económicas que convoca la Administración autonómica a través de ayudas directas, concurrencia competitiva, o subvenciones públicas por el desarrollo de las prestaciones en servicios sociales, así como ayudas y prestaciones que tienen una regulación específica por ley. Todas ellas están organizadas siguiendo las diversas áreas de intervención social en que la Vicepresidencia segunda y Consellería de Servicios Sociales, Igualdad y Vivienda de la Generalitat Valenciana estructura sus contenidos.

2.1.1. MAYORES

2.1.1.1. Ayudas económicas individuales para la mejora de la autonomía de las personas mayores

Son ayudas de carácter subvencional que comprenden todas aquellas medidas que posibilitan a personas con problemas motores o sensoriales su mantenimiento en el propio entorno social, incrementando su autonomía, potenciando sus posibilidades, favoreciendo las relaciones y la integración en la sociedad y se articulan a través de las siguientes modalidades:

1. Ayudas técnicas, considerándose como tales la adaptación funcional del hogar y la adquisición de útiles necesarios para el desarrollo en la vida ordinaria.
2. Adaptación de vehículos de motor que comprende aquellas medidas destinadas a facilitar los desplazamientos de manera autónoma.

La concesión de la ayuda tiene que estar apoyada por el Informe Social PEI (Prestación Económica Individualizada). A los equipos de servicios sociales de atención primaria de los servicios sociales de las corporaciones locales los corresponde la tramitación administrativa de estas prestaciones, así como la resolución de las mismas.

2.1.1.2. Prestaciones económicas individualizadas para la supresión de barreras arquitectónicas para personas mayores

Estas subvenciones están destinadas a la eliminación de barreras arquitectónicas existentes en la vivienda propia o en el edificio de la persona mayor que obstaculizan su movilidad, incluyendo aquellas transformaciones o reformas que contribuyen a evitar los obstáculos y a facilitar la movilidad.

2.1.1.3. Subvenciones en materia de programas de envejecimiento activo y soledad no deseada, y programas de atención a personas mayores y el mundo rural.

Están destinadas a entidades sin ánimo lucrativo, para el desarrollo de programas para disminuir la brecha digital en personas mayores y favorecer su acceso a las TIC y en las redes sociales; Promover: campañas de sensibilización contra la soledad no elegida; fomento y convivencia de prácticas y experiencias intergeneracionales; participación de las personas mayores mediante programas de envejecimiento activo desde la perspectiva de igualdad entre mujeres y hombres, programas de dinamización de las personas mayores en el mundo rural; campañas de sensibilización contra todos los tipos de maltrato sobre las personas mayores y fomento del buen trato; mejora de la calidad de vida de las personas mayores en situación de soledad no elegida.

2.1.1.4. Subvenciones en materia de servicios sociales especializados de personas mayores

Están destinadas entidades organizaciones o entidades privadas sin ánimo lucrativo para el fomento de la realización de programas de servicios sociales especializados correspondientes a los sectores de personas mayores, programas de ocio y tiempo libre y al sector de enfermedades neurodegenerativas.

2.1.1.5. Ayudas para sufragar estancias en residencias y centro de día

Consisten en subvenciones con el objeto de financiar estancias en residencias y centros de día de personas mayores adheridas al Programa Bueno Residencia. Van destinadas a personas que hayan sido beneficiarias de la subvención con anterioridad y permanezcan ingresadas en centros residenciales adheridos al programa. Las personas beneficiarias tienen que acreditar no disponer de medios suficientes para hacer frente al coste de la plaza.

2.1.1.6. Programa de ayudas para sufragar estancias de respiro en residencias y centros de día

Consiste en subvenciones destinadas a financiar diferentes modalidades de estancias de carácter temporal o no permanente en residencias y centros de día de personas mayores dependientes que habitualmente están atendidas en su domicilio o en el de sus familiares, cuando por necesidades que afectan a los/las mayores o a familiares cuidadores, necesitan la atención en un centro especializado que substituyan los cuidados que, de forma habitual, se prestan y/o se reciben en el ámbito familiar. El importe de la subvención se determinará en uno o varios bonos, la cuantía de los cuales consistirá en la diferencia entre el que puede pagar la persona con cargo a sus ingresos y el importe de la estancia en el centro que elija para su atención.

Se establecen las modalidades de bonos siguientes que para su mejor diferenciación e identificación por parte de los/as interesados/as se han denominado con nombres de colores:

72

1) Bono Respiro Mensual o Bono Verde: bono para la estancia durante un mes en una residencia para mayores cuando por las necesidades sanitarias o sociales del/a mayor necesite la atención integral en un centro especializado. Se puede hacer efectivo durante un mes natural o bien de fecha a fecha en dos meses consecutivos siempre que se disfrute antes de la finalización del año natural de la convocatoria correspondiente.

2) Bono Respiro de Días o Bono Azul: veinte bonos diarios para la atención en residencias de mayores que pueden hacerse efectivos en el año natural de la convocatoria correspondiente, en las fechas que elija el/la interesado/a. Se pueden disfrutar durante veinte días consecutivos o en días agrupados. El mínimo será de dos días consecutivos.

3) Bono Respiro de Fin de semana o Bono Blanco: doce bonos para disfrutarlos en una residencia de mayores durante los fines de semana, a razón de un bono mensual, si bien, por necesidades del usuario, el goce de varios fines de semana podrá hacerse efectivo en un mismo mes.

2.1.1.7. Ayudas para el mantenimiento de centros y programas de servicios sociales de personas mayores

El objeto de estas subvenciones consiste, por un lado, en el mantenimiento de centros de servicios sociales (entidades sin ánimo de lucro) dirigidos a atender necesidades sociales específicas en el sector de personas mayores. Por otro lado, se subvenciona la realización de programas de servicios sociales que realizan organizaciones o entidades privadas del sector de personas mayores y de personas enfermas de Alzheimer.

2.1.1.8. Ayudas de equipamiento para centros de servicios sociales de personas mayores.

Se trata de subvenciones en concepto de equipamiento de centros de servicios sociales (mobiliario, herramientas y equipos informáticos) perteneciente al sector de personas mayores que gestionan entidades locales o entidades privadas sin ánimo de lucro radicados en la Comunidad Valenciana.

2.1.2. PERSONAS CON DIVERSIDAD FUNCIONAL

2.1.2.1. Prestaciones económicas individualizadas para personas con diversidad funcional

Las ayudas personales para la promoción de la autonomía personal podrán tener varias modalidades y se consideran como objeto de ayudas personales para facilitar la autonomía personal, las siguientes:

a) Adquisición de ayudas técnicas y productos de apoyo.
b) Ayuda destinadas a la eliminación de barreras arquitectónicas en el interior de la vivienda y la adaptación funcional del hogar.
c) Ayuda para la adaptación de vehículos.
d) Ayudas de transporte para la asistencia a tratamientos y centros asistenciales

Los requisitos de las ayudas personales para la promoción de la autonomía personal (PEIS), son:

73

a) Personas físicas con la condición legal de persona con diversidad funcional residentes en la Comunidad Valenciana.

b) Ser menor de 65 años.

c) Tener una renta individual o per cápita familiar inferior al triple del indicador público de renta de efectos múltiples (IPREM) para el ejercicio anterior al de la convocatoria.

d) Que haya deficiencias de carácter motor o sensorial en el solicitante que suponen una pérdida de autonomía, le impidan o dificultan su movilidad o comunicación a través de medios normales.

En el caso de ayudas de transporte, además, hace falta:

Tener reconocida la condición de persona con diversidad funcional con movilidad reducida.

a) No estar comprendido en el campo de aplicación de sistema de la Seguridad Social por no desarrollar actividad laboral.

b) No tener reconocido el subsidio de movilidad y compensación por gastos de transporte (LISMI).

2.1.2.2. Ayudas personales para la atención institucionalizada residencial de quienes tienen diversidad funcional (o enfermedad mental crónica)

Estas ayudas se definen como prestaciones económicas individualizadas para la atención especializada de carácter residencial a personas con diversidad funcional y se conceden con carácter de subvención personal y finalista. Pueden ser solicitadas por las personas afectadas por algún tipo de diversidad funcional con imposibilidad de integración social o no poder realizar vida autónoma, que se encuentran en situación de extrema urgencia y necesidad, y no tengan recursos económicos suficientes, que los impide hacer frente al precio de un servicio de atención residencial especializada, o por su representante legal o, si procede, guardador de hecho.

2.1.2.3. Subvención para programas y servicios de promoción de la autonomía de personas cono diversidad funcional

Estas subvenciones están dirigidas organizaciones o entidades privadas sin finalidad de lucro que desarrollan programas y servicios para personas con diversidad funcional.

2.1.2.4. Subvenciones para la mejora de las condiciones de accesibilidad al medio físico

El objeto de estas subvenciones es el fomento y mejora de las condiciones de accesibilidad al medio físico, a través de la eliminación de barreras arquitectónicas y de la comunicación en espacios públicos y edificios de pública concurrencia, para garantizar la accesibilidad universal. Van dirigidas a las entidades locales y entidades sin fin de lucro, para la adquisición de equipamiento para la eliminación de barreras en espacios públicos y elementos de uso público, así como para obras de adaptación en playas urbanas en playas accesibles.

2.1.2.5. *Ayudas a programas de estancias vacacionales para personas con diversidad funcional*

Con el objetivo de fomentar la inclusión, integración social, autonomía y desarrollo personal de las personas con diversidad funcional la Generalitat Valenciana convoca subvenciones dirigidas a las organizaciones o entidades privadas sin ánimo de lucro, que desarrollan estancias de vacaciones para personas con diversidad funcional personas cono diversidad funcional o con trastorno mental grave.

2.1.2.6. *Subvenciones para realizar proyectos de vida independiente a través de itinerarios individualizados para personas con diversidad funcional.*

Subvenciones destinadas a entidades sin ánimo de lucro para la financiación de programas específicos que integran proyectos de vida independiente de personas con diversidad funcional o personas con trastorno mental grave, a través de itinerarios individualizados, dotados con servicios de apoyo y medidas complementarias que facilitan la autonomía personal y la inclusión social.

2.1.3. MENORES

2.1.3.1. *Prestación económica para el sostenimiento a la crianza en familias acogedoras*

Esta prestación está destinada a contribuir a los gastos diarias de los/las menores acogidas/des, y a financiar la disponibilidad en la modalidad de acogida de urgencia. En ambos casos, y adicionalmente, se cubrirán los gastos de asistencia médica calificados que puedan producirse. Tendrán derecho a percibir estas prestaciones las que acogen menores bajo la guarda y tutela de la Generalitat Valenciana. La prestación para su sostén será abonada a las personas a quienes se les haya delegado la guarda.

Los gastos diarios derivados de la acogida familiar: gastos de alojamiento, alimentación, traje, ocio educativo, movilidad, actividades físicas y deporte y asistencia médica, así como los destinados en la educación e instrucción de las personas acogidas de forma temporal o permanente.

Los gastos de asistencia médica calificados son los tratamientos odontológicos o de ortodoncia, médicos, psicológicos, logopédicos o pedagógicos, así como la utilización de prótesis y la realización de pruebas diagnósticas, siempre que no se encuentran comprendidos en las prestaciones del Sistema Nacional de Salud, y la cuantía supere el 25% de la prestación económica que mensualmente se reporta por esta prestación.

2.1.4. INCLUSIÓN SOCIAL

2.1.4.1. *Subvenciones para entidades privadas sin ánimo de lucro para la realización de proyectos dirigidos a la integración social de inmigrantes.*

Son ayudas dirigidas a entidades privadas sin ánimo de lucro para la realización de proyectos dirigidos a la integración social de personas inmigrantes para la financiación de los gastos corrientes derivados de la realización de proyectos de integración social de inmigrantes que se desarrollan en el ámbito territorial de la Comunidad Valenciana.

2.1.4.2. Ayudas destinadas a la realización de proyectos dirigidos a la mejora de las condiciones sociolaborales de inmigrantes trabajadores/as agrícolas de temporada y campaña.

Estas ayudas van dirigidas a organizaciones empresariales agrarias para la financiación de los gastos corrientes derivados de proyectos dirigidos a la mejora de las condiciones sociolaborales de inmigrantes temporeros agrícolas que incluyan actividades entre las que a continuación se indican:

a) Organización y coordinación de las contrataciones y los desplazamientos de las personas trabajadoras de temporada.

b) Capacitación profesional y formación por emprendedores/as agrícolas.

c) Habilitación de plazas de alojamiento que cumplan las condiciones exigidas legalmente.

d) Información a las personas trabajadoras sobre sus derechos y deberes laborales; asesoramiento jurídico-laboral; formación para la prevención de riesgos laborales; sensibilización de empresarios/as sobre los derechos y deberes laborales.

e) Otros servicios sociolaborales: economato, transporte hasta los puestos de trabajo, etc.

2.1.4.3. Subvenciones para el desarrollo de programas de atención de necesidades e inclusión social a menores y sus familias en periodo estival

Las subvenciones para el desarrollo de programas de atención de necesidades e inclusión social a menores y sus familias en periodo estival van destinadas en programas de atención a menores pertenecientes a familias o unidades de convivencia en situación de privación material, mediante la oferta de actividades en periodo estival. Las actividades integran la atención de necesidades de alimentación de estos/as menores con actividades de ocio y tiempo libre, y que contribuyan a facilitar la conciliación laboral o, si se tercia, proporcionar a la familia un tiempo que favorezca la investigación y ocupación en actividades formativas y ocupacionales, programas que comportarán un seguimiento y evaluación por los servicios sociales municipales.

2.1.4.4. Subvenciones para programas de desarrollo comunitario en barrios Inclusivos

Las subvenciones van dirigidas a entidades locales para programas de desarrollo comunitario que refuerzan los hábitos de convivencia social y facilitan la cohesión y las relaciones sociales mediante la creación de redes de apoyo y solidaridad. En concreto, el objeto de estas ayudas es la contratación de personal para la intervención en estos barrios de personal Técnico/a Superior de Integración Social (T.I.S) y Técnico/ a Superior de Integración (TASOC) o perfiles profesionales similares.

2.1.4.5. Subvenciones para la realización de proyectos por entidades privadas sin ánimo de lucro en materia de inclusión y desarrollo comunitario.

Las subvenciones van destinadas a la financiación de los gastos derivados de la realización de actuaciones de inclusión social de las personas o unidades de convivencia que se encuentran en situación de vulnerabilidad. Las actuaciones subvencionadas se tienen que adecuar a las siguientes modalidades:

Modalidad 1. Proyectos dirigidos a personas o unidades familiares que se encuentran en situación de vulnerabilidad, excepto el colectivo de personas afectadas por el VIH-SIDA. Las actuaciones van dirigidas a:

1) Proyectos dirigidos a personas o unidades familiares que se encuentran en situación de vulnerabilidad, excepto el colectivo de personas afectadas por el VIH-SIDA. Las actuaciones irán dirigidas a:

a) Ámbito residencial (pisos de acogida y albergues) y otras medidas para combatir el sinhogarismo e itinerarios de inclusión social.

b) La cobertura de las necesidades básicas, como por ejemplo aseo personal, alimentación, y atención y apoyo sociopsicosanitario.

2) Proyectos destinados a personas o unidades familiares afectadas por VIH- SIDA. Las actuaciones irán dirigidas a:

a) ámbito residencial (pisos de acogida y albergues) y otras medidas para combatir el sinhogarismo e itinerarios de inclusión social.

b) la cobertura de las necesidades básicas, como por ejemplo aseo personal, alimentación y atención y apoyo sociopsicosanitario.

3) Proyectos destinados al desarrollo comunitario y fomento del ámbito relacional:

a) Fomento de la participación social y cultural de colectivos vulnerables en estructuras dinámicas normalizadas comunes, para reforzar el sentimiento de pertenencia y vínculos con el territorio; así como la promoción de los buenos tratos y prevención de la soledad no escogida.

b) Fomento del entorno afectivo e intervención sociocomunitaria de colectivos vulnerables para la prevención de problemáticas sociales y sociopsicosanitarias.

2.1.5. DIVERSIDAD

2.1.5.1. Ayudas a entidades sin ánimo de lucro para financiar programas de apoyo a la igualdad en la diversidad

El objetivo es la financiación de proyectos destinados profundizar en el fomento y el desarrollo del valor de la diversidad, la igualdad y la no-discriminación. En el mencionado contexto, las ayudas van dirigida a entidades sin ánimo lucrativo que desarrollan proyectos y programas al sector de las familias, al colectivo de las personas lesbianas, gais, trans, bisexuales e intersexuales LGTBI, en el pueblo gitano, a las personas migrantes, a la igualdad de trato y a las víctimas de la violencia de las conductas de odio.

2.1.5.2. Ayudas económicas a personas beneficiarias del régimen de protección temporal afectadas por el conflicto en Ucrania que estén empadronadas en la Comunidad Valenciana y no disponen de recursos económicos suficientes, en el marco del Real Decreto 673/2022, de 1 de agosto de carácter estatal.

La comunidad autónoma concede las ayudas directamente a las personas que hayan obtenido el estatuto de protección temporal que hayan encontrado refugio en España y acreditan la carencia de medios económicos.

2.1.5.3. Programa Hermanamiento Comunitario Valenciano

Lo programa Hermanamiento Comunitario Valenciano constituye la primera experiencia piloto de patrocinio comunitario en materia de acogida e integración de personas beneficiarias de protección internacional que tiene lugar en la Comunidad Valenciana, y la segunda en España después de la de Euskadi.

Han sido beneficiarias 23 personas de cinco familias sirias, que llegaron en septiembre de 2020 procedentes de los campos de refugiados del Líbano y han sido acogidas en cinco municipios distintos de la Comunidad Valenciana: Almassora, Alaquàs, València, Cocentaina y Calp. Allí han dispuesto de su propia vivienda y del apoyo de Grupos Locales de Patrocinio Comunitario formatos por personas voluntarias y coordinados por profesionales de las entidades sociales patrocinadoras.

2.1.6. MUJERES

2.1.6.1. Ayudas económicas a las víctimas de violencia de género.

Se establecen por ley unas ayudas económicas dirigidas en las víctimas de la violencia de género que acreditan tener insuficiencia de recursos y unas especiales dificultades para obtener una ocupación. La financiación de las ayudas citadas que se publican tendrá carácter finalista y se llevará a cabo mediante la aportación económica de la Administración General del Estado.

Las características de estas ayudas se concretan en los siguientes temas:

a) Se dirigen a las víctimas de la violencia de género cuando carecen de rentas superiores, en cómputo mensual, al 75 por ciento del salario mínimo interprofesional, excluida la parte proporcional de dos pagas extraordinarias, recibirán una ayuda de pago único, siempre que se presuma que, a causa de su edad, falta de preparación general o especializada y circunstancias sociales, la víctima tendrá especiales dificultades para obtener una ocupación y por esta circunstancia no participará en los programas de ocupación establecidos para su inserción profesional.

b) El importe de esta ayuda será equivalente al de seis meses de subsidio por desocupación. Cuando la víctima de la violencia contra la mujer tenga reconocida oficialmente una discapacidad de grado igual o superior al 33 por ciento, el importe será equivalente a doce meses de subsidio por desocupación.

c) Estas ayudas, financiadas con cargo en los presupuestos generales del estado, las concederán las administraciones competentes en materia de servicios sociales. En la tramitación del procedimiento de concesión habrá que incorporar el informe del servicio público de ocupación referido a la previsibilidad que la aplicación del programa de ocupación no incida de forma sustancial en la mejora de la empleabilidad de la víctima.

d) En el supuesto de que la víctima tenga responsabilidades familiares, el importe podrá llegar al de un periodo equivalente al de dieciocho meses de subsidio o de 24 meses, si la víctima o alguno de los familiares que conviven con ella tiene reconocida oficialmente una discapacidad de grado igual o superior al 33 por ciento.

e) Estas ayudas serán compatibles con cualesquier de las que establece la ley 35/1995, de 11 de diciembre, de ayudas y asistencia a las víctimas de delitos violentos y contra la libertad sexual.

a) En el ámbito valenciano se determina el procedimiento de concesión y pago de estas ayudas para las mujeres residentes en la Comunidad Valenciana con la exigencia de los requisitos siguientes:

b) Ser residente en la Comunidad Valenciana.

c) Carecer de rentas que, en cómputo mensual, superan el 75 por ciento del salario mínimo interprofesional vigente, excluida la parte proporcional de dos pagas extraordinarias.

d) Tener especiales dificultades para obtener una ocupación, que se acreditará a través del informe del Servicio Valenciano de Ocupación y Formación.

e) No haber recibido esta ayuda antes.

Cuantía de la ayuda:

1. El importe de esta ayuda será el equivalente al de seis meses de subsidio por desocupación.

2. Cuando la víctima de violencia de género tenga responsabilidades familiares, el importe de la ayuda será el equivalente a:

a) Doce meses de subsidio, cuando la víctima tenga a cargo familiar o menor acogido/a.

b) Dieciocho meses de subsidio, cuando la víctima tenga a su cargo dos o más familiares o menores acogidos/des o un familiar y uno/a menor acogido/a.

3. Cuando la víctima de violencia de género tenga reconocida oficialmente una discapacidad de grado igual o superior al 33 por ciento, el importe de la ayuda será equivalente a:

a) Doce meses de subsidio por desocupación cuando la víctima no tenga responsabilidades familiares.

b) Dieciocho meses de subsidio por desocupación cuando la víctima tenga a su cargo un familiar o menor acogido/a.

c) Veinticuatro meses de subsidio por desocupación cuando la víctima tenga a su cargo dos o más familiares o menores acogidos/des o un familiar y un menor acogido/a.

4. Cuando la víctima de violencia de género tenga a su cargo a un familiar o un menor acogido/da que tenga reconocida oficialmente un grado de minusvalidez igual o superior al 33 por ciento, el importe de la ayuda será equivalente a:

a) Dieciocho meses de subsidio por desocupación cuando la víctima tenga a su cargo un familiar o menor acogido/da.

b) Veinticuatro meses de subsidio por desocupación cuando la víctima tenga a su cargo dos o más familiares o menores acogidos/des o un familiar y un menor acogido/da.

5. Cuando la víctima de violencia de género con responsabilidades familiares o el familiar o menor acogido/da con quien conviva tenga reconocida oficialmente un grado de minusvalidez igual o superior al 65 por 100, el importe de la ayuda será equivalente a veinticuatro meses del subsidio por desocupación.

6. Cuando la víctima de violencia de género y el familiar o menor acogido/da con quien conviva tenga reconocido oficialmente un grado de discapacidad igual o superior al 33 por 100, el importe de la ayuda será equivalente a veinticuatro meses de subsidio por desocupación.

2.1.6.2. Indemnizaciones y ayudas económicas a las víctimas de violencia sobre la mujer en el ámbito de la Comunidad Valenciana

• **Indemnizaciones por las muertes a causa de violencia sobre la mujer producidos en la Comunidad Valenciana:**

Tienen derecho a ser indemnizados/as por las muertes a causa de violencia sobre la mujer producidos en la Comunidad Valenciana:

Los hijos e hijas menores de edad, tutelados/as o acogidos/as o, en su ausencia, los ascendientes de las víctimas mortales de violencia sobre la mujer, que dependan de esta económicamente en el momento de la defunción, tendrán derecho a la percepción de una cuantía económica de pago único, en las condiciones y requisitos que se establezcan por reglamento. Son dependientes económicamente de la víctima mortal de violencia sobre la mujer cuando, en la fecha de la defunción, las personas beneficiarias que convivan con la víctima y no perciban rentas, de cualquier naturaleza, que, en cómputo anual, superan doce mensualidades del indicador público de Renta de Efectos Múltiples (IPREM) vigente.

El importe de la indemnización se fija en la cantidad de seis mil euros.

Esta ayuda es compatible con la percepción de cualquier otra indemnización derivada de los daños ocasionados por la muerte de la víctima de violencia.

• Ayudas económicas a las víctimas de violencia sobre las mujeres - ayudas de emergencia de pago único

Estas ayudas van dirigidas a las mujeres víctimas de violencia contra las mujeres que carecen de medios suficientes para atender sus necesidades más urgentes en caso de emergencias y que puedan acreditar los requisitos siguientes:

1. Ser víctima de violencia sobre la mujer.
2. Estar empadronada en cualquier municipio de la Comunidad Valenciana. Se exceptúan de este requisito las mujeres que estén en un centro residencial de la Comunidad Valenciana especializado en este problema.
3. Carecer de ingresos económicos propios o, en caso de tener, que no superan, en cómputo anual, doce mensualidades de la IPREM vigente.
4. Encontrarse en situación de necesidad y/o emergencia social.

Las ayudas económicas tienen un carácter finalista y se destinarán a cubrir gastos para atender las necesidades fundamentales siguientes:

• Necesidades básicas (alimentación e higiene).

• Necesidades de alojamiento (alquileres o alojamiento temporal).

• Necesidad de transporte o desplazamientos.

• Cualquier otra necesidad que procure tanto la seguridad como la protección de las víctimas.

Son ayudas libradas y distribuidas por entidades colaboradoras de la Generalitat Valenciana.

Los módulos económicos máximos por los cuales se rigen estas ayudas son expresados en la siguiente tabla:

Cuadro nº 4. Módulos económicos de las ayudas a las víctimas de violencia sobre las mujeres: ayudas de emergencia de pago único.

Necesidades	Cuantía máxima
Necesidades básicas	hasta 200 euros
Necesidades alojativas	hasta un máximo de 2.000 euros
Necesidades de transporte o desplazamientos	hasta un máximo de 500 euros
Cualquier otra necesidad que procure tanto la seguridad como la protección de las víctimas	hasta un máximo de 2.000 euros
En cualquier caso, la determinación del módulo económico no podrá superar el coste de los gastos subvencionados	

81

Elaboración propia. Fuente: Decreto 63/2014, de 25 de abril, del Consell, que aprueba el reglamento para el reconocimiento de las indemnizaciones y las ayudas económicas a las víctimas de violencia contra la mujer previstas en la ley 7/2012, de 23 de noviembre, de la Generalitat, integral contra la violencia contra la mujer en el ámbito de la Comunidad Valenciana. DOCV 7264, de 30.04.2014.

La condición de beneficiaria de este tipo de ayudas económicas de emergencia social para mujeres víctimas de la violencia de la Generalitat será compatible con la condición de beneficiaria de cualquier otro tipo de ayuda del sistema público por diferente concepto.

2.1.6.3. Subvenciones para el desarrollo de programas de servicios sociales para mujeres en situación de riesgo o exclusión social

Estas subvenciones están dirigidas a entidades sin ánimo de lucro que desarrollan programas de servicios sociales para mujeres en situación o en riesgo de exclusión social.

2.1.6.4. Ayudas económicas dirigidas a entidades locales para el desarrollo de programas que fomentan la igualdad entre mujeres y hombres o la inserción laboral de las mujeres

Las ayudas van dirigidas a programas de promoción y fomento de la igualdad entre mujeres y hombres en el marco de los Planes de igualdad municipales y para programas formativos o de mejora para la inserción laboral de las mujeres, prioritariamente mujeres beneficiarias de la renta valenciana de inclusión, así como los que se centran en la precariedad laboral en la ocupación.

2.1.6.5. Ayudas económicas destinadas a entidades sin ánimo de lucro para el desarrollo de programas que fomentan la igualdad entre mujeres y hombres y/o el asociacionismo de mujeres, en la Comunidad Valenciana

Son subvenciones dirigidas a entidades sin ánimo de lucro que desarrollan programas cuya finalidad sea la promoción y fomento de la igualdad de oportunidades entre mujeres y hombres y/o la promoción del asociacionismo de mujeres que se desarrollan en la Comunidad Valenciana.

2.1.6.6. Subvenciones a las entidades locales de la Comunidad Valenciana para el desarrollo del proyecto «Bolsas de cuidados profesionales para familias con hijas e hijos de hasta 16 años, creación de ocupación de calidad en el sector de los cuidados y planes de formación en corresponsabilidad y cuidados destinadas a los hombres»

Ayudas destinadas a entidades locales de la Comunidad Valenciana para el desarrollo de actuaciones enmarcadas en el Plan Corresponsables, como medida de fomento de la conciliación de la vida personal, familiar y laboral mujeres de un enfoque de igualdad entre hombres y mujeres, promoviendo la corresponsabilidad y la creación de una ocupación de calidad en el sector de los cuidados, así como planes de formación en corresponsabilidad y cuidados destinados a los hombres.

2.2. PRESTACIONES ECONÓMICAS INDIVIDUALIZADAS: AYUDAS DE EMERGENCIA SOCIAL

Corresponde a las corporaciones locales de la Comunidad Valenciana, con la colaboración técnica y económica de la Generalitat, el desarrollo de programas tendentes a la atención de las personas más necesitadas y vulnerables. En este contexto se articulan las ayudas de emergencia social como una de las prestaciones más destacadas en la intervención social.

Las ayudas de emergencia son ayudas económicas de carácter extraordinario destinadas a paliar las situaciones en que se puedan encontrar quienes estén afectados por un estado de vulnerabilidad y/o riesgo de exclusión social. Van dirigidas a individuos o a unidades familiares o de convivencia para remediar una situación deteriorada gravemente, de urgente necesidad o con graves problemas específicos que afectan la autonomía personal, social y económica, y que no pueden resolver con recursos o medios económicos propios para lograr su normal desarrollo humano y social.

Las ayudas podrán otorgarse con carácter individual o a núcleos familiares o de convivencia, con carácter periódico o, cuando se trate de servicios esporádicos y adquisiciones puntuales, por una sola vez en el ejercicio económico salvo que atiendan diversa finalidad.

Son compatibles con la percepción otras ayudas, subvenciones, ingresos o recursos procedentes de cualquier administración o ente público o privado teniendo en cuenta que el importe total de las ayudas que se reciben no podrá ser en ningún caso de tal cuantía que, aislada o en concurrencia con otras ayudas de cualquier naturaleza, supere el coste de la actividad que se subvenciona. No se pueden embargar, tienen carácter finalista y tienen que destinarse únicamente al objeto para lo cual han sido concedidas.

Tienen un carácter subsidiario y, si procede, complementario de todo tipo de recursos y prestaciones sociales de contenido económico que prevé la legislación vigente y que puedan corresponder al beneficiario/a o a cualquier de los miembros de su unidad familiar o de convivencia, siempre que estos no cubran la totalidad de la necesidad por la cual se solicita la ayuda.

Será requisito de acceso a estas ayudas no disponer de ingresos suficientes para hacer frente a los gastos que se derivan de la situación de emergencia, la cual tiene que ser acreditada mediante el informe social PEI.

Se considerarán situaciones de emergencia las que originan gastos extraordinarios para cubrir necesidades específicas de carácter básico y urgente, tales como:

a) Gastos para suministros básicos energéticos.
b) Gastos imprescindibles para el uso de la vivienda habitual.

83

c) Gastos excepcionales en las cuales concurran circunstancias de necesidad social grave o urgente y que se consideran de interés para la atención de quienes tengan un problema importante.

d) Gastos destinados a cubrir necesidades básicas de la unidad familiar o de convivencia.

e) Gastos por desplazamientos en centros sanitarios para tratamientos médicos o para la realización de acciones de formación o inserción laboral de parados/as.

A los equipos de servicios sociales de atención primaria de las corporaciones locales les corresponde la tramitación administrativa de estas prestaciones así como la resolución de las mismas.

EJERCICIO

2.3. RENTA VALENCIANA DE INCLUSIÓN (RVI)

2.3.1. OBJETO

La renta valenciana de inclusión contempla el derecho subjetivo a:

a) Una prestación económica para cubrir necesidades básicas a la unidad de convivencia que carezca de los recursos económicos suficientes para la cobertura de estas.

b) La inclusión social mediante una prestación profesional a la unidad de convivencia que requiera este proceso orientado tanto a favorecer su inclusión social, a prevenir el riesgo de exclusión social, como facilitar el proceso de emancipación de las personas en situación de empobrecimiento. Este proceso se basa en los apoyos y el acompañamiento personalizado orientado a la inclusión plena y efectiva en la sociedad, en todas sus dimensiones (económica, social, laboral, sanitaria, educativa, habitacional, cultural ...) que garantice un nivel de vida y bienestar adecuados.

Serán titulares de este derecho todas las personas con residencia en la Comunidad Valenciana que se encuentran en situación de exclusión social o de riesgo de exclusión social.

2.3.2. PERSONAS DESTINATARIAS

Las personas destinatarias de la renta valenciana de inclusión serán tanto la persona titular como la persona o personas beneficiarias que componen la unidad de convivencia, siendo:

1. Titular: la persona que solicita y a cuyo favor se concede la renta valenciana de inclusión, en nombre propio o en representación de la unidad de convivencia y que resulta ser la perceptora material, así como, si es el caso, al nombre de la cual se establece el correspondiente instrumento de inclusión social y, si es el caso, inserción laboral.

2. Personas beneficiarias: la persona o personas que conviven con la persona titular como miembros de la unidad de convivencia.

3. Destinatarias, la persona titular y la persona o personas beneficiarias a que se refieren los apartados anteriores.

2.3.3. CARACTERÍSTICAS

La renta valenciana de inclusión presenta, a todos los efectos, las siguientes características:

a) Es complementaria respecto de los recursos económicos de que disponga la persona titular y las personas integrantes de la unidad de convivencia, si es el caso, hasta el importe del módulo garantizado que corresponda percibir en concepto de renta valenciana de inclusión.

b) Es complementaria respecto del ingreso mínimo vital regulado por la Ley 19/2021, de 20 de diciembre o cualquier otra prestación de garantía de ingresos mínimos de carácter estatal que pueda sustituirla, hasta el importe del módulo garantizado que corresponda percibir en concepto de renta valenciana de inclusión.

c) Es intransferible y, por lo tanto, no podrá ofrecerse en garantía de obligaciones, ni ser objeto de cesión total o parcial, ni de compensación o descuento, excepto para el reintegro de las prestaciones indebidamente percibidas, ni podrá ser objeto de retención o embargo en conformidad con lo establecido en el Código Civil, en la ley de enjuiciamiento civil y otras normas de la orden civil.

d) Se configura como una prestación económica y/o profesional que, dependiendo de la modalidad, estará condicionada a la obligación de participar en actividades de inclusión social o inserción laboral.

e) Es una prestación periódica y de duración indefinida, siempre que se mantengan en el tiempo los requisitos y condiciones que originaron el derecho a su percepción y que permiten la renovación.

f) La prestación económica es incompatible con la renuncia o la falta de solicitud de las prestaciones económicas públicas a las cuales tengan derecho las personas destinatarias, desde cualquier de los sistemas de rentas.

2.3.4. MODALIDADES DE LA RENTA

Modalidades de la Renta en función de la situación de vulnerabilidad económica, social o laboral de la persona y su unidad de convivencia:

1. Renta Complementaria de Ingresos:

> 1.1. Renta complementaria de ingresos del trabajo.

> 1.2. Renta complementaria de ingresos por prestaciones.

2. Renta de Garantía:

> 2.1. Renta de garantía de ingresos mínimos.

> 2.2. Renta de garantía de inclusión social.

1. Renta complementaría de Ingresos

La renta complementaria puede ser complementaria de ingresos procedentes del trabajo o complementaria de ingresos por prestaciones:

1.1. Renta complementaria de ingresos del trabajo

La renta complementaria de ingresos del trabajo es la prestación periódica, de naturaleza económica y/o profesional, dirigida a complementar el nivel de ingresos de la unidad de convivencia que, incluso disponiendo de ingresos procedentes del trabajo, cuenta con un nivel mensual de recursos económicos que resultan insuficientes para atender los gastos asociados a las necesidades básicas para el mantenimiento de una vida digna y que no llega al importe que se determina para esta modalidad de renta.

Esta modalidad se gestionará entre la consellería con competencias en materia de renta valenciana de inclusión y la consellería con competencias en materia de ocupación.

1.2. Renta complementaria de ingresos por prestaciones

La renta complementaria de ingresos por prestaciones es la prestación periódica, de naturaleza económica y/o profesional, dirigida a complementar el nivel de ingresos de la unidad de convivencia que, incluso disponiendo de ingresos procedentes de ciertas pensiones o prestaciones sociales que no sean incompatibles, cuenta con un nivel mensual de recursos económicos que resultan insuficientes para hacer frente a los gastos asociadas al mantenimiento de una vida digna y que no llegan al importe para esta modalidad de renta.

Las siguientes prestaciones no excluirán el establecimiento otras ayudas públicas por esta modalidad de prestación de acuerdo con aquello que reglamentariamente se establezca:

a) Pensiones no contributivas en su modalidad de invalidez y jubilación, excepto las prestaciones no contributivas de invalidez con complemento por tercera persona y aquellas que tengan compatibilizada la percepción de la pensión no contributiva con el trabajo remunerado.

b) Prestación del Fondo Nacional de Asistencia Social (FAS) en aquellos casos en que, después de haber solicitado la pensión no contributiva no le reconozcan el derecho a esta, y siempre que no tengan derecho a otras prestaciones públicas.

c) Las prestaciones del seguro obligatorio de vejez e invalidez (SOVI) no concurrentes.

d) Las prestaciones por incapacidad permanente del Sistema Nacional de la Seguridad Social.

2. Renta de Garantía

La renta de garantía comprende las modalidades de renta de garantía de ingresos mínimos y la de renta de garantía de inclusión social.

2.1. Renta de garantía de ingresos mínimos

La renta de garantía de ingresos mínimos es la prestación periódica, de naturaleza económica y/o profesional, dirigida a las unidades de convivencia conformadas únicamente por personas mayores de edad en situación de exclusión social o de riesgo de exclusión social con un nivel de recursos económicos que no llega al importe correspondiente de la renta de garantía de ingresos mínimos, y que resulta insuficiente para atender los gastos asociados a las necesidades básicas de la vida diaria. En todo caso, la persona titular de la prestación adquirirá el compromiso de favorecer el acceso a los derechos sociales básicos a las personas destinatarias que forman parte de la unidad de convivencia garantizando el acceso a planes personalizados de intervención.

2.2. Renta de garantía de inclusión social

La renta de garantía de inclusión social es la prestación periódica, de naturaleza económica y/o profesional dirigida a garantizar el derecho a la inclusión a las unidades de convivencia en situación de exclusión social o de riesgo de exclusión social con un nivel de recursos económicos que no llegA al importe de la renta de garantía de inclusión social, y que resulta insuficiente para atender los gastos asociados a las necesidades básicas de la vida diaria y en la cual la persona titular o la persona o personas beneficiarias subscriban voluntariamente el Acuerdo de Inclusión Social.

La renta de garantía tiene carácter subsidiario de las prestaciones económicas vigentes y previstas en el resto de sistemas de protección social, incluyendo el ingreso mínimo vital o cualquier otra prestación de garantía de ingresos mínimos de carácter estatal que pueda sustituirla, tanto estatales como autonómicos, a las cuales puedan tener derecho la o las personas destinatarias, constituyéndose cómo el último recurso de protección social al cual poder acceder.

2.3.5. OBLIGACIONES DE LAS PERSONAS DESTINATARIAS

Además de las obligaciones generales, se destacan las obligaciones de determinadas modalidades de Renta:

Las personas titulares de la **Renta Complementaria de ingresos del Trabajo**, estarán obligadas a pedir mejora de ocupación, tanto en el momento de presentar la solicitud como durante el periodo de concesión de la prestación. Tendrán que participar en acciones de orientación, formación y mejora de la empleabilidad si así lo determinan los servicios públicos de ocupación y formación y en el desarrollo reglamentario.

Las personas destinatarias de la modalidad de **Renta de Garantía de Ingresos Mínimos** tendrán que solicitar el cambio a la modalidad de renta de garantía de inclusión social en el caso en que a la unidad de convivencia se incorpore alguna persona menor de edad.

Las personas titulares de la **Renta de Garantía de inclusión Social** y, si es el caso, la persona o personas beneficiarias de la unidad de convivencia, de acuerdo con el plan personalizado de intervención, tendrán, además, las siguientes obligaciones:

a) Cumplir los compromisos y obligaciones específicas que se hayan acordado en el plan personalizado de intervención.

b) Comparecer, cuando haya sido requerido previamente, ante las personas profesionales de atención primaria competentes, el servicio público de ocupación y formación (LABORA), el servicio público de ocupación local y las entidades sin ánimo de lucro que figuran inscritas en el Registro General de los Titulares de Actividades de Acción Social y de los Servicios y Centros de Acción Social en la Comunidad Valenciana (de ahora en adelante, Registro de Titulares de Actividades de Acción Social) y estén desarrollando itinerarios en colaboración con los servicios sociales de atención primaria o el servicio público de ocupación y formación.

c) Solicitar la inscripción como demandante de ocupación y participar en las acciones de mejora de la empleabilidad en las cuales sea prescrito en el itinerario correspondiente, una vez determinada la idoneidad y la aptitud para hacerlo.

d) Participar en el itinerario de inclusión social desarrollado por los servicios sociales de atención primaria o en colaboración por entidades de iniciativa social sin ánimo de lucro que figuran inscritas en el Registro de Titulares de Actividades de Acción Social o en el itinerario de inserción laboral desarrollado por los servicios públicos de ocupación o por entidades sociales acreditadas para hacerlo.

e) Asistir a las entrevistas con las personas profesionales de los equipos de servicios sociales de atención primaria y a realizar las actuaciones prescritas como parte de su itinerario familiar o individualizado previstas en el plan personalizado de intervención.

f) Participar en el proyecto de intervención social y educativo familiar establecido a partir de la declaración de riesgo, en el plan de protección o, si es el caso, en el programa de reunificación familiar, o en el plan de protección para adolescentes, cuando la unidad de convivencia sea objeto de intervención por parte de la entidad pública de protección de personas menores de edad, o en cualquier otra medida exigida en la ley 26/2018, de 21 de diciembre, de la Generalitat, de derechos y garantías de la infancia y la adolescencia.

g) Asumir y cumplir la responsabilidad que le corresponde en su propio proceso de intervención social, especialmente cuando este proceso implique a personas con menores de edad a su cargo.

2.3.6. PRESTACIÓN ECONÓMICA

La prestación económica de la renta valenciana de inclusión consiste en un apoyo de naturaleza económica y percepción periódica que se configura como una ayuda destinada a cubrir las necesidades básicas y a paliar la ausencia o insuficiencia de ingresos de una unidad de convivencia, mientras se mantenga su situación de necesidad y a fin de mejorar las situaciones de vulnerabilidad económica, social, laboral y facilitar la inclusión social.

2.3.6.1. Requisitos de acceso a la prestación económica

A todos los efectos tendrán derecho a la prestación económica de la renta valenciana de inclusión aquellas personas que cumplan los requisitos siguientes:

a) Estar empadronadas o tener la residencia efectiva durante un mínimo de doce meses, de manera continuada, en cualquier municipio o municipios de la Comunidad Valenciana, inmediatamente anteriores a la fecha de solicitud.

Los ayuntamientos facilitarán el empadronamiento de todas las personas sin hogar que residan habitualmente en el municipio, con independencia de su lugar de pernoctación, en los términos que determino en cada momento la Administración general del Estado. En el caso de personas asiladas, solicitantes de asilo, refugiadas, extranjeras exiliadas o apátridas, así como las personas prostituidas, víctimas de explotación sexual o trata y las víctimas de violencia de género o intrafamiliar, no se exigirá tiempo mínimo de residencia.

A efectos de acreditación de residencia efectiva se considerará tener asignada asistencia médica o estar inscrita como demandante de ocupación o tener personas descendentes escolarizadas. Para su práctica, o si no hay inscripción en el padrón, y con el fin de acreditar el requisito de residencia efectiva, los servicios sociales de atención primaria podrán requerir apoyo y colaboración de entidades de iniciativa social que figuran inscritas en el Registro de Titulares de Actividades de Acción Social que lleven a cabo programas de intervención con colectivos en situación de exclusión social u otros supuestos que se consideran reglamentariamente.

b) No disponer de recursos económicos o, en caso de disponer de alguno, que estos sean inferiores a la cuantía mensual de la prestación económica de la modalidad de renta valenciana de inclusión que pueda corresponder a la persona titular o la unidad de convivencia.

c) No disponer de bienes muebles o inmuebles, diferentes de los de la vivienda habitual, sobre los cuales se posea un derecho de propiedad, posesión, usufructo o cualquier otro que, por sus características, valoración, posibilidad de explotación o venta, indico la existencia de medios suficientes y superiores al importe de la prestación económica de la renta valenciana de inclusión, de acuerdo con su modalidad y la unidad de convivencia, de la forma que se determinará reglamentariamente. Quedarán exceptuados de esta prohibición aquellos que forman parte de un patrimonio especialmente protegido de las personas con diversidad funcional, constituido en conformidad con lo establecido en su normativa específica.

d) No ocupar una plaza en centro de atención residencial, excepto en los casos en que así se determine reglamentariamente.

Las personas menores de 25 años, además de los requisitos generales señalados arriba, tendrán que cumplir de la manera que se determinará reglamentariamente alguno de los requisitos siguientes:

a) Ser mayor de 18 años y haber permanecido en situación de alta en cualquier de los regímenes que integran el sistema de la seguridad social entre uno y dos años antes de la solicitud de la renta valenciana de inclusión, y siempre que se acredite haber tenido anteriormente a la solicitud un hogar independiente de la familia de origen.

b) Ser mayor de 18 años y haber estado sujeto, en algún periodo de los tres años anteriores a la mayoría de edad, a una medida administrativa de protección de menores,

92

o del sistema judicial de reeducación, en las condicions que se establezcan reglamentariamente.

c) Ser mayor de 18 años y encontrarse en situación de dependencia o diversidad funcional.

d) Ser mayor de 16 años y tener a cargo suyo hijas o hijos, personas con diversidad funcional o en situación de dependencia; así como ser persona prostituida, víctima de explotación sexual o trata o víctima de violencia de género o intrafamiliar.

e) Ser mayor de 16 años y participar en programas de preparación para la vida independiente, de acuerdo con el artículo 22 bis de la Ley Orgánica 1/1996, de 15 de enero, de medidas de protección jurídica del/la menor, de modificación parcial del Código Civil y de la Ley de enjuiciamiento civil.

f) Tener entre 18 y 25 años y estar en situación de orfandad.

Las personas entre los 18 y los 65 años, con un grado de diversidad funcional igual o superior al 65%, y las personas de 65 años o edad superior, únicamente podrán acceder a las modalidades de renta complementaria de ingresos. La excepción: persona titular individual o con personas menores de edad a su cargo, que no tengan derecho al reconocimiento de cualesquiera otras prestaciones, contributivas o no contributivas, públicas o privadas y cumplan el resto de requisitos para ser titulares de renta valenciana de inclusión, podrá acceder a las modalidades de renta de garantía.

No podrán acceder a la prestación económica de la renta valenciana de inclusión las personas en los cuales concurran alguna de las circunstancias siguientes:

a) Cuando una de las personas que conforman la unidad de convivencia tenga derecho legalmente a percibir una pensión compensatoria o alimentaria y no la reciba, sin haber hecho uso de su derecho para percibirla, o renuncie voluntariamente, excepto cuando la persona titular de la renta valenciana de inclusión acredite ser víctima de violencia de género (uno otros supuestos excepcionales que se determinan).

b) La renuncia de derechos o la falta de solicitud de las prestaciones económicas públicas, incluyendo el ingreso mínimo vital (o cualquier otra prestación de garantía de ingresos mínimos de carácter estatal que pueda sustituirla, a las cuales tenga derecho cualquier persona de la unidad de convivencia tanto en el momento de la solicitud como en el tiempo de vigencia de la percepción de la prestación económica de la renta valenciana de inclusión).

Las personas individuales o unidades de convivencia que tengan reconocida la prestación del ingreso mínimo vital (o cualquier otra prestación de garantía de ingresos mínimos de carácter estatal que pueda sustituirla), tendrán derecho a la prestación económica de la renta valenciana de inclusión (previa solicitud, cumpliendo los requisitos establecidos en la Ley de RVI).

Si la persona puede acceder a las modalidades de renta complementaria de ingresos: No podrá acceder a las modalidades de renta de garantía.

Unidades de convivencia con menor de edad: No podrán acceder a la modalidad de renta de garantía de ingresos mínimos.

Excepciones: siempre que así se justifique expresamente en el informe social que a tal efecto elaboran los y las trabajadoras sociales de los servicios sociales de atención primaria, podrán ser personas destinatarias de la prestación económica de la renta valenciana de inclusión aquellas personas en las cuales, incluso si no cumplen todos los requisitos establecidos, concurran circunstancias extraordinarias que las haga considerar en situación de especial vulnerabilidad, de acuerdo con el que se establezca reglamentariamente.

2.3.7. INCOMPATIBILIDADES

La prestación económica de la renta valenciana de inclusión estará sujeta a las incompatibilidades siguientes:

1. Solo se podrá conceder una prestación económica por unidad de convivencia.

2. La percepción por la persona titular otras prestaciones económicas que tengan como finalidad la inclusión social, la inserción laboral o la garantía de unos ingresos mínimo. Las excepciones:

- El ingreso mínimo vital o cualquier otra prestación de garantía de ingresos mínimos de carácter estatal que pueda sustituirla
- La renta activa de inserción (RAI) por violencia de género o violencia doméstica o prestación de idéntica naturaleza que la sustituya.

El importe mensual reconocido de la prestación económica de la renta valenciana de inclusión se fija partiendo del importe del módulo garantizado que, si es el caso, corresponda por la modalidad de renta y el número de personas que conforman la unidad de convivencia.

La renta valenciana de inclusión se percibe durante tres años si se mantienen las circunstancias que han motivado su concesión. Una vez transcurrido este tiempo la persona interesada tiene que solicitar la renovación. Hasta la resolución de la nueva prestación RVI no se interrumpe el abono de la prestación económica ni la implementación de la Prestación profesional de inclusión social.

2.3.8. CUANTIA

Cuadro nº 5. Cuantía de la Renta Valenciana según modalidades.

Renta Complementaria de Ingresos per Trabajo	Cuantía
Una persona	80 % del SMI
Dos personas	88 % del SMI
Tres personas	96 % del SMI
Cuatro personas	104 % del SMI
Cinco personas	112 % del SMI
Seis personas o más	120 % del SMI
Renta Complementaria de Ingresos por Prestaciones	**Cuantía**
Una persona	70% del SMI
Dos personas	82% del SMI
Tres personas	90% del SMI
Cuatro personas	96% del SMI
Cinco personas	102% del SMI
Seis o más personas	110% del SMI
Renta Garantía de Ingresos Mínimos	**Cuantía**
Una persona	35 % del SMI
Dos persones	42 % del SMI
Tres persones	45 % del SMI
Cuatro personas	47 % del SMI
Cinco personas	51 % del SMI.
Seis o más personas	55 % del SMI
Renda Garantía Inclusión Social	**Cuantía**
Una persona	70 % del SMI
Dos persones	82 % del SMI
Tres persones	90 % del SMI
Cuatro persones	96 % del SMI
Cinco persones	102 % del SMI
Seis o más persones	110 % del SMI

Elaboración propia. Fuente: Ley 19/2017, de 20 de diciembre, de la Generalitat, de renta valenciana de inclusión. DOCV n.º 8196, de 22.12.2017.

Al módulo garantizado se le deducirá:

a) Los recursos económicos de los cuales disponga la persona titular y las personas que conforman la unidad de convivencia en concepto de rendimientos compatibles. Sin embargo, no se computará la prestación del ingreso mínimo vital o cualquier otra prestación de garantía de ingresos mínimos de carácter estatal que pueda sustituirla, ni la renta activa de inserción (RAI) por violencia de género o violencia doméstica o prestación de idéntica naturaleza que la sustituya, así como las prestaciones que se establezcan reglamentariamente.

b) Cualquier tipo de ingreso del cual disponga la persona titular y las que conforman la unidad de convivencia, incluyendo el rendimiento que se atribuya a los inmuebles, en cómputo mensual, siempre que no se trate de la vivienda habitual.

El resultado de la deducción será el importe reconocido mensual. Se establece un mínimo de 50 euros mensuales como importe reconocido, siempre que los recursos económicos no superan el importe garantizado de la renta valenciana de inclusión, si es el caso; excepto en la renta complementaria de ingresos por prestaciones, en la cual la cuantía mínima se establecerá reglamentariamente en función de la normativa que regula las prestaciones a complementar.

Con carácter excepcional y a efectos del cálculo del importe reconocido, en los términos que se establezcan reglamentariamente, no se computarán como recursos económicos de la unidad de convivencia las cantidades que puedan percibir mensualmente durante el plazo máximo de tres meses por cualquier integrante de la unidad de convivencia en concepto de rentas procedentes del trabajo, siempre que estas sean inferiores en cómputo mensual al salario mínimo interprofesional (SMI) vigente calculado en doce mensualidades o a la cuantía mensual que perciben o tengan derecho a percibir si esta es superior al SMI.

Complementos de la prestación económica

En los términos que se establezcan reglamentariamente, el importe a percibir en concepto de prestación económica de renta valenciana de inclusión se podrá incrementar hasta el 25% del importe reconocido para estas prestaciones, para sufragar los gastos derivados del alquiler o del pago de cuota hipotecaria de la vivienda habitual de la persona titular de la vivienda y para garantizar el acceso a los suministros energéticos básicos, siempre que ninguna persona beneficiaria reciba ninguna cuantía por el mismo concepto procedente de cualquier administración.

Respecto de las rentas complementarias de ingresos, el incremento antes referido por estos conceptos se determinará reglamentariamente, con la voluntad de hacer compatible este incremento con otras ayudas que puedan recibir otras administraciones por estos conceptos y de llegar a incrementos de la cuantía total recibida de un 25%.

Para unidades de convivencia conformadas por más de seis personas, el importe reconocido de la prestación económica de renta valenciana de inclusión, se incrementará en 60 euros por cada persona miembro adicional.

En el caso de las personas prostituidas, víctimas de explotación sexual o trata que se comprometen a un itinerario de inclusión social que incluya salir de la situación de prostitución, el importe reconocido mensual de la prestación económica de la modalidad de renta de garantía de inclusión social se incrementará en 320 euros.

En el supuesto de que la persona titular o alguna de las personas de la unidad de convivencia fuera beneficiaria del Ingreso Mínimo Vital (o cualquier otra prestación de garantía de ingresos mínimos de carácter estatal que pueda sustituirla), o de la renta activa de inserción (RAI) por violencia de género o violencia doméstica o prestación de idéntica naturaleza que la sustituya, el importe que se perciba por estas prestaciones se resta de la cuantía a percibir.

En el supuesto de que el importe percibido por las mencionadas prestaciones supero el importe a percibir en concepto de renta valenciana de inclusión, la prestación económica se reconocerá importe cero y se mantendrá a la persona como titular de la prestación y se le reconocerá el derecho a la prestación profesional, así como del resto de ayudas y recursos (alquiler, becas de comedor, de libros), salvo que la persona titular solicito la extinción.

2.3.9. PRESTACIONES PROFESIONALES PARA LA INCLUSIÓN SOCIAL

La prestación profesional para la inclusión social consiste en el conjunto de planes, itinerarios, instrumentos, actuaciones y prescripciones, de carácter individual, familiar o grupal, elaborados, implementados, coordinados y evaluados por profesionales de servicios sociales de atención primaria.

Son unas prestaciones que se enmarcan en el catálogo general de prestaciones profesionales del Sistema Público Valenciano de Servicios Sociales descritas en el artículo 36 de la Ley 3/2019, de 18 de febrero, de la Generalitat, de servicios sociales inclusivos de la Comunidad Valenciana

Van dirigidas a personas destinatarias de cualquier modalidad de la renta valenciana de inclusión independientemente de la conformación de su unidad familiar y que aceptan libremente y de forma voluntaria esta prestación a través de un Acuerdo de Inclusión.

El itinerario de inclusión es el conjunto de actuaciones, instrumentos y procedimientos técnicos que darán cuerpo en el plan personalizado de intervención. El itinerario de inclusión tiene que conformarse por los módulos operativos de intervención, entendiendo estos como los marcos de referencia básicos para analizar, identificar las necesidades y establecer las actuaciones básicas o servicios y programas de intervención social. Se podrán establecer dentro de un mismo plan personalizado de intervención, tanto itinerarios familiares como individuales.

Cuadro nº 6. Instrumentos de inclusión social de la Renta Valenciana de Inclusión.

Instrumentos de inclusión social	
Diagnóstico de exclusión social o vulnerabilidad	Proceso que sintetiza, interpreta y conceptualiza la naturaleza y magnitud de las necesidades sociales en sus efectos, génesis y causas personales y sociales. Es el punto de partida para la elaboración del Plan Personalizado de Intervención.
Acuerdo de Inclusión	Compromiso realizado por la persona solicitante (en nombre propio y de las personas beneficiarias) de recibir la prestación profesional orientada a la inclusión social. Es de carácter voluntario. supone: 1. Participar de manera activa en el proceso de mejora e inclusión social y la colaboración con profesionales de los servicios sociales de atención primaria (responsables de la atención, seguimiento y evaluación de la intervención en la unidad de convivencia). 2. Asistir s entrevistas en servicios sociales de atención primaria 3. Realizar las actuaciones prescritas en los itinerarios: - de inclusión social - de inclusión laboral. 4. Es obligatorio en: - la renta de garantía de inclusión social - la renta complementaria del trabajo 5.la adhesión al Proyecto de Intervención Social y Educativo Familiar establecido a partir de la declaración de la situación de riesgo, en el Plan Individualizado de Protección o, si se tercia, en el Programa de reintegración Familiar, cuando la unidad de convivencia está siendo objeto de intervención por parte de la entidad pública de protección de menores.
El Plan personalizado de intervención	Instrumento técnico que recoge el diagnóstico de la situación, las propuestas de intervención, objetivos, actuaciones y tareas, así como los indicadores y metas a nivel común de la unidad de convivencia y a nivel individualizado de cada miembro. Detalla las acciones carácter personal, familiar, educativa, formativa, social y laboral oportunas para prevenir o mejorar la situación o el riesgo

	de exclusión social de la unidad de convivencia. Si es el caso, compuerta, además: - el itinerario de inclusión social - los itinerarios de inserción laboral Se elabora por servicios sociales municipales de atención primaria. Incluye programas en que participa la unidad de convivencia con motivo de una situación de desprotección infantil. Su evaluación es obligatoria para la renovación o de la prestación económica en la modalidad de renta de garantía de inclusión social (o para formulación de nuevo plano) Se eximirá de realizar el Plan Personalizado de Intervención a personas en que no concurren elementos de riesgo de exclusión en la unidad de convivencia.
Itinerarios de Inclusión Social	Conjunto de actuaciones, instrumentos y procedimientos técnicos que darán cuerpo en el Plan Personalizado de Intervención. Conformado por los módulos operativos de intervención: marcos de referencia básicos para analizar, identificar las necesidades y establecer las actuaciones básicas o servicios y programas de intervención social (simultanear intervención con otros sistemas). Un mismo Plan Personalizado de Intervención puede incluir tanto itinerarios familiares como individuales de inclusión social. En situaciones especiales se podrá posponer o eximir temporalmente la participación en el itinerario de inclusión social (violencia de género o intrafamiliar, situaciones sobrevenidas).
Itinerario Personal de Inserción Laboral	Se elaborará por servicios de ocupación y formación. También se elaborará un Diagnóstico de empleabilidad. Contemplar acciones para la inserción laboral (adecuándolo a competencias profesionales y necesidades de sistema productivo). En circunstancias especiales se podrá prescindir temporalmente de la prescripción de los itinerarios laborales, manteniéndose, si es el caso, el resto de compromisos acordados en el Plan de inclusión social.

Elaboración propia. Fuente: Ley 19/2017, de 20 de diciembre, de la Generalitat, de renta valenciana de inclusión. DOCV n.º 8196, de 22.12.2017.

Cuadro nº 7. Otras actuaciones para la Inclusión social de la Renta Valenciana de Inclusión.

Otros programas de Servicios Sociales de Atención primaria	Prestaciones Económicas Individualizadas (cobertura de necesidades básicas).
Las entidades locales	Programas específicos de naturaleza grupal o comunitaria que favorezcan la inclusión social.
Persona individual Empresas suministradoras de servicios Entidades de iniciativa social sin ánimo de lucro	Planes de inclusión social territoriales.
Entidades sin ánimo de lucro inscritas en el Registro de Titulares de Actividades de Acción Social	Programas y proyectos de inclusión social que incluyan actuaciones vinculadas a RVI.

Elaboración propia. Fuente: Ley 19/2017, de 20 de diciembre, de la Generalitat, de renta valenciana de inclusión. DOCV núm. 8196, de 22.12.2017.

2.3.10. PROCEDIMIENTO ADMINISTRATIVO

El procedimiento para acceder a estas rentas en cuanto a su solicitud, instrucción del expediente, resolución, renovación, devengo, pago y revisiones periódicas, queda sintetizado en la tabla siguiente:

Cuadro n.º 8. Procedimiento para la solicitud de la Renta Valenciana de Inclusión en cuanto a su solicitud, instrucción del expediente, resolución, devengo, pago y revisiones periódicas

	Renta Complementaria de Ingresos	Renta de Garantía
Presentación solicitud	Registro de Generalitat Valenciana	Ayuntamiento del domicilio-Atención primaria (residencia efectiva solicitante) También Registro Generalitat V.
Instrucción expediente	**RC Ingresos por Prestaciones**: Dirección general competente en materia de RVI **RC Ingresos por Trabajo:** Conselleria competente en materia de ocupación/inclusión	Los servicios sociales de atención primaria: Informe-propuesta de resolución (preceptivo y vinculante) con importe que eleva a la Dirección General de RVI Plazo máximo de 3 meses desde la solicitud En Modalidad Garantía de Inclusión Social: - exigencia a solicitante y beneficiarias de subscripción del Compromiso/Acuerdo de Inclusión Social En caso de no aceptación: - hacerlo constar y - paso a modalidad de Renta Garantía de Ingresos Mínimos

		- En caso de haber menores se podrá justificar mantenimiento de renta de Garantía de Inclusión social (informe servicios sociales atención primaria)
Resolución	**Renta Complementaria de ingresos**	**Renta de Garantía**
	6 meses	3 meses (desde recepción informe-propuesta)
Devengo y pago	Efectos económicos: a partir del día primero del mes siguiente de la fecha de la solo. licitud El abono de la renta valenciana de inclusión se realizará directamente a la persona titular de la misma por la Generalitat V., mediante ingreso en cuenta en una entidad de crédito. Los pagos posteriores se efectuarán por mensualidades vencidas desde la fecha del devengo de la misma antes del 5.º día del mes siguiente. Privación de libertad: podrán percibir la renta valenciana de inclusión las personas beneficiarias, siempre que se justifique su oportunidad en el informe social. Excepción: podrá realizar el abono a las personas titulares a través de entidades sin ánimo de lucro (inscritas en Registro de Titulares de Actividades de Acción Social). Siempre por causas objetivas debidamente justificadas en el informe social	
Revisiones periódicas (De oficio. Carácter anual. Muestra aleatoria)	**Renda Complementaria de Ingresos**	**Renta de Garantía**

Ley 19/2017, de 20 de diciembre, de la Generalitat, de renta valenciana de inclusión. DOCV n.º 8196, de 22.12.20

2.4. INGRESO MÍNIMO VITAL

Definición: El ingreso mínimo vital es una prestación de naturaleza económica del sistema de Seguridad Social, configurada como derecho subjetivo que garantiza un nivel mínimo de renta a los que se encuentran en situación de vulnerabilidad económica.

Objetivo: garantizar una mejora de oportunidades reales de inclusión social y laboral de las personas beneficiarias.

Personas beneficiarias individuales:

➤ Entre 23 y 65 años, o mayores de esta última edad que no sean beneficiarias de pensión de jubilación o invalidez, que vivan suelas o que, aunque compartan domicilio con una unidad de convivencia, no se integran en ella, siempre que:

- No estén casadas, salvo que hayan iniciado los trámites de separación o divorcio.
- No estén unidas a otra persona como pareja de hecho.
- No forman parte de otra unidad de convivencia.

➤ No se exigirá el cumplimiento del requisito de edad ni el de haber iniciado los trámites de separación o divorcio en los supuestos de mujeres víctimas de violencia de género o de trata de seres humanos y de explotación sexual.

Constitución unidad de convivencia:

Se considera unidad de convivencia la constituida por todas las personas residentes en un mismo domicilio y que extiende unidas entre sí por vínculo matrimonial, como pareja de hecho o por vínculo hasta el segundo grado de consanguinidad, afinidad, adopción, y otras personas con las que convivan por guarda con fines de adopción o acogida familiar permanente.

Excepción:

• Mujeres víctimas de violencia de género que abandonan domicilio (acompañada hijos/as/ menores guarda/familiares).

• Personas en trámites de separación, nulidad o divorcio (acompañadas hijos/as menores en guarda).

• Cuando se acredite haber abandonado el domicilio por desahucio, o por haber quedado el mismo inhabitable por causa de accidente o de fuerza mayor, así como otros supuestos.

• Personas que conviven sin vínculo de parentesco que se encuentran en riesgo de exclusión social

Requisitos de acceso:

• Tener residencia legal y efectiva a España, de forma continuada e ininterrumpida durante al menos el año inmediatamente anterior a la solicitud.

• Encontrarse en situación de vulnerabilidad económica por no tener ingresos o patrimonio suficiente.

• Haber solicitado previamente las prestaciones a que se pudiera tener derecho. Quedan exceptuadas los salarios sociales, rentas mínimas de inserción o ayudas análogas de asistencia social de las comunidades autónomas.

Duración: mientras subsistan los motivos que dieron lugar a su concesión y se cumplan los requisitos y obligaciones.

Incompatibilidad:

1. Con la percepción de la asignación económica por hijo/a o menor a cargo, sin o con discapacidad/diversidad funcional inferior al 33 por ciento.

2. Con pensiones asistenciales (Fondo Nacional Asistencia Social).

Compatibilidad: con rentas del trabajo o la actividad económica, y con las rentas mínimas o de inclusión de las Comunidades Autónomas.

Cuantía: la diferencia entre la renta garantizada y el conjunto de rentas e ingresos de la persona (siempre que la cuantía resultante sea igual o superior a 10 euros mensuales).

Cuadro n.º 9. Cuantías de la renta garantizada del Ingreso Mínimo Vital según la situación familiar.

Cuantías: renta garantía del Ingreso Mínimo Vital
a)En el caso de una persona beneficiaria individual, la cuantía mensual de renta garantizada ascenderá al 100 por ciento del importe anual de las pensiones no contributivas fijada anualmente en la ley de presupuestos generales del estado, dividido por doce.
A esta cantidad se añadirá un complemento equivalente a un 22 por ciento en el supuesto de que la persona beneficiaria individual tenga un grado de diversidad funcional/discapacidad igual o superior al 65 por ciento.
b) En el caso de una unidad de convivencia la cuantía mensual de la letra a) se incrementará en un 30 por ciento por miembro adicional a partir del segundo hasta un máximo del'220 por ciento.
c) A la cuantía mensual establecida a la letra b) se sumará un complemento de monoparentalidad equivalente a un 22 por ciento de la cuantía establecida a la letra a) en el supuesto de que la unidad de convivencia sea monoparental o familia en alguna de las situaciones de monoparentalidad.
d) A la cuantía mensual establecida en la letra b) se sumará un complemento equivalente a un 22 por ciento de la cuantía establecida en la letra a) en el supuesto de que en la unidad de convivencia esté incluida alguna persona con un grado de discapacidad/diversidad funcional reconocida igual o superior al sesenta y cinco por ciento.

Elaboración propia. Fuente: Ley 19/2021, de 20 de diciembre, por la cual se establece el ingreso mínimo vital. BOE n.º 304, de 28.04.2022.

EJERCICIO

Susana Sánchez-Flores (Universitat de València)

Capítulo 3: Diversidad funcional. Personas con situación de discapacidad.

3.1. RECONOCIMIENTO DE LA DISCAPACIDAD (DIVERSIDAD FUNCIONAL)

3.1.1. VALORACIÓN Y CALIFICACIÓN DE LA DIVERSIDAD FUNCIONAL-DISCAPACIDAD

El Real Decreto 888/2022, de 18 de octubre, establece el procedimiento para el reconocimiento, declaración y calificación del grado de discapacidad/diversidad funcional, el establecimiento de los baremos aplicables, así como la determinación de los órganos competentes, todo esto con el fin de que la evaluación del grado de discapacidad/diversidad funcional que afecta a la persona sea uniforme en todo el territorio del Estado, garantizando con esto la igualdad de condiciones para el acceso de la ciudadanía a los derechos previstos en la legislación.

Las situaciones de discapacidad/diversidad funcional se califican en grados según el alcance de estas.

La calificación del grado de discapacidad responde a criterios técnicos unificados, fijados mediante los baremos establecidos que evalúan:

a) Las funciones y estructuras corporales/Deficiencia Global de la Persona (BDGP)

b) Las capacidades/Limitaciones en la Actividad (BLA)

c) El desempeño/ Restricciones en la Participación (BRP) desempeño/restricciones en la participación que presenta la persona

d) Los Factores Contextuales/Barreras Ambientales (BFCA)

El grado de discapacidad/diversidad funcional resultante se expresa en porcentaje.

Para la determinación del grado de discapacidad/diversidad funcional, el porcentaje obtenido en la evaluación de las deficiencias, las limitaciones en la actividad y las restricciones en la participación que presenta la persona, se modificará, en su caso, con la adición de la puntuación obtenida en el baremo de Factores Contextuales/Barreras Ambientales, siendo el máximo de puntos posibles de veinticuatro. Esta puntuación modifica por adición el «grado de discapacidad ajustado» (GDA) sin poder cambiar de clase.

Cuadro nº 10. Clases de discapacidad/diversidad funcional

Clase 0. Discapacidad nula (0% - 4%)
El nivel de discapacidad evaluado es insignificante y no justifica una dificultad evaluable en la realización de las actividades de la vida diaria (AVD). Objetivándose: – Entre un 0% y un 4% de los puntos en el BDGP – Menos de 5% de los puntos en el BLA y el BRP-QD.

Clase 1. Discapacidad leve (5% - 24%)
El nivel de discapacidad evaluado es leve y justificaria una dificultad leve en la realización de las AVD, siendo la persona independiente en la práctica totalidad de estas. Objetivandose: – Entre un 5% y un 24% de los puntos en el BDGP. – Entre un 5% y un 24% de los puntos en el BLA y el BRP-QD.

Clase 2. Discapacidad moderada (25% - 49%)
El nivel de discapacidad evaluado es moderado y justificaría una dificultad moderada en la realización de las AVD estudiadas. Pudiendo existir una limitación total o imposibilidad para realizar alguna de ellas en cualquier dominio, siendo independiente en las actividades de autocuidado. Objetivándose: – Entre un 25% y un 49% de los puntos en el BDGP. – Entre un 25% y un 49% de los puntos en el BLA y el BRP-QD. – Entre un 0% y un 4% de los puntos en el BLGTAA

Clase 3. Discapacidad grave (50% - 95%)
El nivel de discapacidad evaluado es grave y justificaría una dificultad grave en la realización de las AVD estudiadas. Pudiendo existir una limitación total o imposibilidad en su realización, en cualquier dominio, incluidas las actividades de autocuidado. Objetivándose: – Entre un 50% y un 95%% de los puntos en el BDGP. – Entre un 50% y un 95% de los puntos en el BLA y el BRP-QD. – Entre un 5% y un 74% de los puntos en el BLGTAA.

Clase 4. Discapacidad total (96% - 100%)
El nivel de discapacidad evaluado es grave o total y justificaría la imposibilidad en la realización de casi todas las AVD estudiadas, incluidas las de autocuidado. Objetivándose: – Un 96% a 100% de los puntos en lo BDGP. – Un 96% a 100% de los puntos en el BLA y el BRP-QD. – Pudiendo obtener una puntuación igual o superior al 75% en el BLGTAA

Fuente: Real Decreto 888/2022, de 18 de octubre, por el cual se establece el procedimiento para el reconocimiento, declaración y calificación del grado de discapacidad. BOE n.º 252, de 20 de octubre de 2022.

Factores Contextuales (Personales y Ambientales)

Según la Clasificación Internacional del Funcionamiento de la Discapacidad y de la Salud (CIF), los Factores Contextuales constituyen el conjunto de circunstancias que conforman la vida de una persona. Incluye los Factores Ambientales y los Factores Personales, y su presencia o ausencia afectan positiva o negativamente en el funcionamiento de la persona.

1. **Los Factores Ambientales** constituyen el entorno físico, social y actitudinal en el cual las personas viven y desarrollan su proyecto vital. Son factores externos a las personas, y pueden tener una influencia positiva (facilitadores) o negativa (barreras) en la realización de la persona como miembro de la sociedad.

2. **Los Factores Personales** constituyen el trasfondo particular de la vida de una persona y de su estilo de vida. Están compuestos por las características de la persona, que no forman parte de una condición o estados de salud. Estos factores pueden incluir aspectos como por ejemplo el sexo, la raza, la edad, los hábitos y estilos de vida, la educación, la profesión, las creencias religiosas o las experiencias vitales, entre otras. Tanto todas ellas en conjunto, como alguna de ellas individualmente, pueden ejercer un papel en la discapacidad/diversidad funcional a cualquier nivel, motivo por el cual tienen que ser recogidos y tenidos en cuenta por el/la profesional que realiza la evaluación de los factores contextuales.

3. **Barreras** son todos aquellos factores en el entorno de una persona que, cuando están presentes o ausentes, limitan el funcionamiento tanto a nivel físico como psicológico, y generan discapacidad/diversidad funcional. Entre ellos se incluyen aspectos como por ejemplo, que el ambiente físico sea inaccesible, la falta de tecnología asistencial adecuada, actitudes negativas de la población respecto a la persona discapacitada/con diversidad funcional, y también servicios, sistemas y políticas que bien, no existen o dificultan la participación de las personas con una condición de salud en todas las áreas de la vida.

4. **Facilitadores** son todos aquellos factores en el entorno de una persona que, cuando están presentes o ausentes, mejoran el funcionamiento tanto a nivel físico como psicológico, y reducen la discapacidad/diversidad funcional. Entre ellos se incluyen aspectos como por ejemplo que el ambiente físico sea accesible, la disponibilidad de tecnología asistencial adecuada, las actitudes positivas de la población respecto a la discapacidad/diversidad, y también los servicios sistemas y políticas que intentan aumentar la participación de las personas con una condición de salud en todas las áreas de la vida.

El baremo evalúa los factores ambientales que una persona con una condición de salud determinada puede tener en el contexto/ajusto en el que vive, y que le suponen un efecto negativo en su funcionamiento (Barreras), el resultado de las cuales es una restricción en su participación social y en su desempeño/realización.

La evaluación se lleva a cabo por criterio de los/as profesionales después del estudio de la situación específica de la persona en el cual se describan los Factores Contextuales (Personales y Ambientales) y se delimitan y especificarán las barreras existentes, y se determine si son o no susceptibles de algún ajuste razonable, graduándolas, por la concurrencia de circunstancias que se describen en los apartados en que se estructura el baremo:

1. Productos y tecnología.

2. Entorno natural y actividad humana.

3. Apoyo y relaciones.

4. Actitudes.

5. Sistemas, servicios y políticas.

3.1.2. COMPETENCIAS: TITULARIDAD Y EJERCICIO.

Corresponde a los órganos competentes de las comunidades autónomas o, en el caso de las ciudades de Ceuta y Melilla, en el Instituto de Mayores y Servicios Sociales (IMSERSO):

a) El reconocimiento y revisión de grado de discapacidad/diversidad funcional.

b) El reconocimiento de la necesidad de concurso de otra persona para realizar los actos esenciales de la vida diaria, así como de la dificultad para utilizar transportes públicos colectivos, a efectos de las prestaciones, servicios o beneficios públicos establecidos.

c) Aquellas otras funciones que se los atribuyan.

En el caso de la Comunidad Valenciana estos órganos son los Centros de Valoración y Orientación de la Discapacitado/Diversidad funcional (CVO) de València, Castelló y Alicante constituyen la estructura física y funcional de carácter público destinada a la valoración y calificación de la discapacidad, y determinación de su tipo y grado, así como los necesidades, aptitudes y posibilidades de recuperación de la persona con discapacidad/diversidad funcional.

Equipos multiprofesionales de calificación y reconocimiento del grado de discapacidad/diversidad funcional.

El equipo de valoración de la discapacidad/diversidad funcional realiza las pruebas, reconocimientos e informes pertinentes para finalmente, emitir el documento nombrado "dictamen propuesta". Los equipos multiprofesionales tendrán que contar en su composición, en todo caso, con profesionales del área sanitaria y con profesionales del área social, con titulación mínima de grado universitario o equivalente.

Son funciones de los equipos multiprofesionales:

a) Efectuar la valoración de las situaciones de discapacidad/diversidad funcional y la calificación de su grado, así como, en su caso, la revisión por intensificación o atenuación o error material o de hecho.

b) Determinar la necesidad de concurso de otra persona para realizar los actos esenciales de la vida diaria.

c) Determinar si existen dificultades de movilidad.

d) Proponer si el grado de discapacidad es permanente o tiene que ser revisado y el plazo a partir del cual se podrá instar la revisión del grado de discapacidad/diversidad funcional.

La Administración competente, en el caso de la Comunidad Valenciana la Consellería con competencia en la materia, es la encargada de dictar la resolución expresa a la persona solicitante, a la vista del "dictamen propuesta", sobre el reconocimiento de grado de discapacidad/diversidad funcional, así como sobre la puntuación obtenida en los baremos para determinar la necesidad del concurso de otra persona o dificultades de movilidad, si procede. Esta resolución se dictará y notificará en el plazo máximo de seis meses a contar desde la fecha de presentación de la solicitud. El reconocimiento de grado de discapacidad/diversidad funcional se entenderá producido desde la fecha de solicitud y tendrá validez en todo el territorio del Estado.

Se contempla la tramitación urgente del procedimiento de reconocimiento de grado de discapacidad/diversidad funcional, de oficio o a instancia de la persona interesada, con o sin medidas de apoyo para el ejercicio de su capacidad jurídica, cuando concurran razones de interés público que así lo aconsejan, entre otros las relacionadas con la salud, la violencia de género, la esperanza de vida u otras de índole humanitaria.

La Administración competente, Consellería de la Generalitat Valenciana con competencias en la materia, emite la tarjeta acreditativa del grado de discapacidad/diversidad funcional que es válida en todo el territorio del Estado y contiene los siguientes datos mínimos:

a) Datos identificativos.

b) Grado de discapacidad/diversidad funcional

c) Periodo de vigencia.

d) Dificultades de movilidad, en su caso.

e) Necesidad de tercera persona, en su caso.

f) Medidas de seguridad y confidencialidad

El grado de discapacidad/diversidad funcional es objeto de revisión a instancia de la persona interesada, como norma general, transcurrido al menos dos años desde la fecha de la resolución.

3.1.3. APLICACIONES DEL CERTIFICADO DE DIVERSIDAD FUNCIONAL: MEDIDAS DE ACCIÓN POSITIVA

Con el reconocimiento del grado de discapacidad/diversidad funcional la persona interesada puede acceder a beneficios, derechos económicos y servicios derivados del reconocimiento de su circunstancia. Su aplicación se despliega en diferentes ámbitos como el laboral, educativo, fiscal, etc. y de acceso a servicios y a prestaciones en los diversos niveles de la Administración pública.

EJERCICIO

113

3.2. PENSIONES NO CONTRIBUTIVAS

La Pensión no Contributiva (PNC) asegura a toda la ciudadanía en situación de jubilación o invalidez y en estado de necesidad una prestación económica, asistencia médico-farmacéutica gratuita y servicios sociales complementarios, aunque la persona nunca haya cotizado o la cotización haya sido de forma insuficiente para tener derecho a una Pensión Contributiva y, tengan carencia de ingresos suficientes para su subsistencia. Dentro de esta modalidad, se encuentran las pensiones siguientes:

• Pensión no contributiva de Jubilación

• Pensión no contributiva de Invalidez

La gestión de estas pensiones no contributivas está atribuida a las direcciones provinciales del Instituto de Mayores y Servicios Sociales (IMSERSO) pera en las ciudades de Ceuta y Melilla y a los órganos competentes de cada comunidad autónoma. En el ámbito valenciano la gestión es competencia de la Vicepresidencia segunda y Consellería de Servicios Sociales, Igualdad y Vivienda.

3.2.1. PRESTACIÓN NO CONTRIBUTIVA DE JUBILACIÓN (PNC JUBILACIÓN)

Los beneficiarios/as de la PNC de Jubilación son los/las ciudadanas/as españoles/as y nacionales otros países, con residencia legal en España que cumplan los siguientes requisitos:

a) Carencia de ingresos suficientes.
b) Requisitos específicos de la propia Pensión no Contributiva de Jubilación:
   o Edad: Tener 65 o más años.
   o Residencia: Residir en territorio español y haberlo hecho durante un periodo de diez años, en el periodo que hay entre la fecha de cumplimiento de los dieciséis años y la de devengo de la pensión, de los cuales dos tienen que ser consecutivos e inmediatamente anteriores a la fecha de la solicitud.

Carencia de ingresos suficientes:

Hay carencia cuando las rentas o ingresos de que se disponga, en cómputo anual por 2023, sean inferiores a 6.784,54€ anuales. Sin embargo, si son inferiores a esta cantidad y se convive con familiares, únicamente se cumple el requisito cuando la suma de las rentas o ingresos anuales de todos los miembros de su unidad económica de convivencia, sean inferiores a las cuantías establecidas por la Seguridad Social en estos casos.

Habrá unidad económica de convivencia en todos los casos de convivencia de la persona beneficiaria con otras personas unidas con aquella por matrimonio o por lazos de parentesco de consanguinidad o adopción hasta el segundo grado. El parentesco por consanguinidad hasta el segundo grado llega a: padre/madre, abuelos/as, hijos/as, nietos/as y hermanos/as de la persona solicitante.

La PNC de Jubilación es incompatible con:

→ la Pensión no Contributiva de Invalidez

→ las Pensiones Asistenciales (FAS)

→ los Subsidios de Garantía de Ingresos Mínimos (SGIM) y por Ayuda de Tercera Persona (SATP) contemplados por el Real decreto legislativo 1/2013, de 29 de noviembre, por el cual se aprueba el Texto refundido de la Ley general de derechos de las personas con diversidad funcional y de su inclusión social.

→ la condición de causante de la Asignación Familiar por Hijo/a a Cargo con Diversidad funcional

La cuantía individual de la pensión se establece en función del número de personas beneficiarias de pensión no contributiva integradas en la misma unidad económica de convivencia, de los ingresos personales y/o de las personas que integran la unidad económica, no pudiendo ser inferior esta cuantía a 1.696,14 € anuales, que se corresponde con el 25 por 100 del importe íntegro para el año 2023.

3.2.2. PRESTACIÓN NO CONTRIBUTIVA DE INVALIDEZ (PNC INVALIDEZ)

Pueden ser beneficiarios de la PNC de invalidez los/las ciudadanas/as españoles/as y nacionales otros países, con residencia legal en España que cumplan los siguientes requisitos:

a) Carencia de ingresos suficientes.

b) Requisitos específicos de la propia Pensión no Contributiva de Invalidez

o Edad: Tener 18 o más años y menos de 65.

o Residencia: Residir en territorio español y haberlo hecho durante un periodo de cinco años, dos de los cuales tienen que ser consecutivos e inmediatamente anteriores a la fecha de la solicitud.

o Diversidad funcional: grado igual o superior al 65%.

Carencia de ingresos suficientes:

Hay carencia cuando las rentas o ingresos de que se disponga, en cómputo anual para 2024, sean inferiores a 7.250,60€ anuales (517,90€ mensuales).

Sin embargo, si son inferiores a 7.250,60€ anuales y se convive con familiares, únicamente se cumple el requisito cuando la suma de las rentas o ingresos anuales de todos los miembros de su unidad económica de convivencia, sean inferiores a las cuantías establecidas por la Seguridad Social en estos casos.

Habrá unidad económica de convivencia en todos los casos de convivencia de la persona beneficiaria con otras personas unidas con aquella por matrimonio o por lazos de parentesco de consanguinidad o adopción hasta el segundo grado. El parentesco por consanguinidad hasta el segundo grado llega a: padre/madre, abuelos/as, hijos/as, nietos/as y hermanos/as de la persona solicitante.

El derecho a Pensión No Contributiva de Invalidez no impide el ejercicio de aquellas actividades laborales, sean o no lucrativas, compatibles con la diversidad funcional de la persona pensionista y que no representan un cambio en su capacidad real para el trabajo.

Las personas que con anterioridad al inicio de una actividad laboral estuvieron percibiendo PNC de Invalidez podrán compatibilizar la percepción de la pensión con los ingresos derivados de la actividad, durante los cuatro años siguientes al inicio de la actividad, si la suma de la cuantía anual de la pensión que tiene reconocida el/la pensionista y de los ingresos anuales que perciba o prevea vaya a percibir de la actividad laboral no superan 14.450,60€. En caso de exceder de este límite, la cuantía anual de la pensión se reducirá en la cuantía necesaria por no sobrepasarlo. El límite indicado de 14.4504,60€ es el resultado de sumar los importes anuales fijados en 2024 por el indicador público de renta de efectos múltiples (IPREM), que está cifrado en 7.200,00€ y por la pensión de invalidez no contributiva, que es de 7.250,60.€.

La Pensión no Contributiva de Invalidez es incompatible con:

→ la PNC de Jubilación

→ las Pensiones Asistenciales (FAS)

→ los Subsidios de Garantía de Ingresos Mínimos y por Ayuda de Tercera Persona contemplados en el Real decreto legislativo 1/2013, de 29 de noviembre, por el cual se aprueba el Texto refundido de la Ley general de derechos de las personas con diversidad funcional y de su inclusión social,

→ la condición de causante de la Asignación Familiar por Hijo/a a Cargo con Diversidad funcional.

La cuantía individual de la pensión se establece en función del número de personas beneficiarias de pensión no contributiva integradas en la misma unidad económica de convivencia, de los ingresos personales y/o de las personas que integran la unidad económica, no pudiendo ser inferior esta cuantía a 1.812,65€ anuales, que se corresponde con el 25 por 100 del importe íntegro para el año 2024.

La cuantía individual establecida se incrementa con el complemento por necesidad de otra persona siempre que se acredite un grado de diversidad funcional igual o superior al 75 por 100, así como la necesidad del concurso de otra persona para realizar los actos esenciales de la vida. Este complemento es del 50% de los 7.250,60€ anuales, por lo cual el importe del complemento queda fijado en 3.625,30€ anuales.

3.2.3. COMPLEMENTO DE PENSIÓN PARA EL ALQUILER DE VIVIENDA A FAVOR DE PENSIONISTAS DE LA SEGURIDAD SOCIAL EN LA MODALIDAD NO CONTRIBUTIVA.

Desde el año 2012 se ha establecido un complemento de pensión para el alquiler de vivienda a favor de pensionistas de la Seguridad Social en su modalidad no contributiva.

Este complemento que asciende a 525€ va dirigido a aquellos/as pensionistas de jubilación o invalidez de la Seguridad Social, en la modalidad no contributiva, que, cumpliendo los requisitos exigidos, acrediten fehacientemente:

1) No tener vivienda en propiedad

2) Residir, como residencia habitual, en una vivienda alquilada por propietarios que no tengan con él relación de parentesco hasta el tercer grado, ni sea cónyuge o persona con la cual constituyan una unión estable y conviva con análoga relación de afectividad a la conyugal.

3.3. PRESTACIÓN POR HIJO/A A CARGO CON DIVERSIDAD FUNCIONAL

El sistema de protección de la Seguridad Social reconoce, entre las prestaciones familiares de la Seguridad Social, en la modalidad no contributiva, una asignación económica por cada hijo/a menor de dieciocho años de edad y afectado por una diversidad funcional (discapacidad) en un grado igual o superior al 33 por ciento, o mayor de esta edad cuando el grado de discapacidad sea igual o superior al 65 por ciento, a cargo de la persona beneficiaría, independientemente de la naturaleza legal de la filiación, así como por los menores a su cargo en régimen de acogida familiar permanente o guarda con fines de adopción, que cumplan los mismos requisitos.

3.3.1. DELIMITACIÓN DEL CONCEPTO HIJO/A O MENOR ACOGIDO/A A CARGO:

Se considera hijo/a (o menor a cargo en régimen de acogida familiar permanente o guarda con fines de adopción) aquel que convive y depende económicamente de la persona beneficiaría. No rompe la convivencia la separación transitoria motivada por estudios, trabajo de los progenitores, adoptadores o acogedores, tratamiento médico, rehabilitación u otras causas similares. La persona causante no perderá la condición de hijo/a o menor a cargo por el mero hecho de hacer un trabajo lucrativo, por cuenta de otro o propio, siempre que esté conviviendo con el beneficiario de la prestación y que los ingresos percibidos por aquel en concepto de rendimientos del trabajo no superan el 100% del SMI vigente en cada momento, en cómputo anual.

Se considera que el hijo/a o menor no está a cargo de la persona beneficiaria cuando sea perceptor de una pensión contributiva, a cargo de un régimen público de protección social español o extranjero, diferente de la pensión de orfandad o de la pensión en favor de familiares de nietos/as y hermanos/as.

3.3.2. PERSONAS BENEFICIARIAS

Tendrán derecho a la asignación económica por hijo/a o menor a cargo quién:

a) Residan legalmente en territorio español.

b) Tengan a su cargo hijos/as (o menores en régimen de acogida familiar permanente o guarda con fines de adopción) en quien concurran las circunstancias señaladas en la letra a) y que residan en territorio español.

En los casos de separación judicial o divorcio, el derecho a la percepción de la asignación se conservará para el padre o la madre por los hijos/as o menores que tenga a su cargo.

c) No tengan derecho, ni el padre ni la madre, a prestaciones de esta misma naturaleza en cualquier otro régimen público de protección social.

Serán, así mismo, beneficiarios/as de la asignación que, si procede y en razón de ellos, hubiera correspondido a sus padres/madres:

a) Los/las huérfanas de padre y madre, menores de dieciocho años o mayores de esta edad y que sean personas con diversidad funcional en un grado igual o superior al 65 por ciento.

b) Los/las que no sean huérfanos y hayan sido abandonados/as por sus padres, siempre que no se encuentran en régimen de acogida familiar permanente o guarda con fines de adopción.

c) Los/las hijos/as con diversidad funcional mayores de dieciocho años la capacidad no haya sido modificada judicialmente y conservan su capacidad de obrar serán beneficiarios/as de las asignaciones que por razón de ellos corresponderían a sus padres/madres.

La Seguridad Social establece diferentes cuantías en función del grado de diversidad funcional del hijo/a. Se detallan en la siguiente tabla:

3.3.3. CUANTIAS

Cuadro nº 11. Cuantías de la prestación por hijo/a a cargo según el grado de diversidad funcional del hijo/a.

Grado de diversidad funcional	Cuantía	Requisito económico
Hijos/as o menores a cargo menores de 18 años con una diversidad funcional igual o superior al 33%	1.000,00 euros anuales por hijo/a (83,33 euros mensuales)	No se exige en estos casos límite de recursos económicos al tratarse de una persona con diversidad funcional.
Hijos/as mayores de 18 años y con una diversidad funcional igual o superior al 65%	5.647,20 euros anuales por hijo/a (470,00 euros mensuales)	No se exige en estos casos límite de recursos económicos al tratarse de una persona con diversidad funcional.
Hijos/as mayores de 18 años y con una diversidad funcional igual o superior al 75%: Hijos/as con 18 o más años afectados por una diversidad funcional en grado igual o superior al 75% y que, como consecuencia de pérdidas anatómicas o funcionales,	7.469,60 euros anuales por hijo/a (705,80 euros mensuales)	No se exige en estos casos límite de recursos económicos al tratarse de una persona con diversidad funcional.

118

necesitan el concurso de otra persona para realizar las actividades básicas más elementales como vestirse, desplazarse, comer o análogas		

Elaboración propia. Fuente: Gobierno de España. Ministerio de Inclusión, Seguridad Social y Migraciones (2021): Prestación económica por hijo/a o menor a cargo en régimen de acogida familiar permanente o guarda con fines de adopción. Consultado en www.seg-socPrestacionesPensionesTrabajadores/10967/27924?changeLanguage=vaial.es/wps/portal/wss/internet/Trabajadores/ (15-01-2024).

INCOMPATIBILIDADES

Cuando concurren en las dos persones progenitoras o adoptadoras o, si procede, en caso de personas acogedoras las circunstancias necesarias para tener la condición de beneficiarios de las prestaciones familiares, el derecho a percibir la prestación solo podrá ser reconocido a favor de una de ellas.

Las prestaciones familiares son incompatibles con la percepción, por parte de las personas progenitoras o adoptadoras o, si procede, acogedoras, de cualquier otra prestación análoga establecida en los restantes regímenes públicos de protección social.

En el supuesto de que una de las personas progenitoras o adoptadoras esté incluida, por razón de la actividad ejercida o por su condición de pensionista, en un régimen público de Seguridad Social, la prestación correspondiente será reconocida por este régimen, siempre que se reúnan los requisitos necesarios para ser beneficiario/aria de la prestación.

Cuando las personas beneficiarias puedan tener derecho a la misma prestación por un mismo sujeto causante en varios regímenes públicos de protección social, tendrán que optar por uno de ellos.

La percepción de las asignaciones económicas por hijo/a con diversidad funcional a cargo mayor de 18 años, es incompatible con:

→ la condición, por parte del hijo/a, de pensionista de jubilación o invalidez en la modalidad no contributiva.

→ la condición de persona beneficiaria de las pensiones asistenciales reguladas a la Ley 45/1960, de 21 de julio, o de los subsidios de garantía de ingresos mínimos y de ayuda por tercera persona, a los cuales se refiere la disposición transitoria única del Texto Refundido de la Ley general de derechos de las personas con diversidad funcional y de su inclusión social, aprobado por el Real decreto legislativo 1/2013, de 29 de noviembre.

En estos supuestos, tendrán que ejercer la opción en favor de alguna de las prestaciones declaradas incompatibles. Si las personas beneficiarias de las prestaciones incompatibles fueran diferentes, la opción se formulará previo acuerdo de las dos. A falta de acuerdo, prevalecerá el derecho a la pensión de invalidez o jubilación no contributiva o, si se tercia, a la pensión regulada en la Ley 45/1960, o a los subsidios de garantía de ingresos mínimos y de ayuda por tercera persona, a los cuales los cuales se refiere la disposición transitoria única del texto refundido de la Ley general de derechos de las personas con diversidad funcional y de su inclusión social, aprobado por el Real decreto legislativo 1/2013, de 29 de noviembre.

Capítol 4. Servicios y prestaciones económicas del Sistema de Promoción de la Autonomía Personal y Atención a las Personas en Situación de Dependencia. Compatibilidades e incompatibilidades.

4.1. EL RECONOCIMIENTO DE LA SITUACIÓN DE DEPENDENCIA

El Sistema para la Autonomía y Atención a la Dependencia (SAAD) establece el procedimiento de reconocimiento de la situación de dependencia para acceder a los servicios y prestaciones económicas a los que tiene derecho la persona que tenga reconocida la situación de dependencia.

4.1.1. SOLICITUD

Es en el registro oficial del ayuntamiento del domicilio de la persona solicitante donde, preferentemente, se inicia el procedimiento de reconocimiento de la situación de dependencia y el derecho a las prestaciones del sistema. La solicitud se formula en el modelo normalizado de la Vicepresidencia segunda y Consellería de Servicios Sociales, Igualdad y Vivienda.

Tienen preferencia en la tramitación de las solicitudes de reconocimiento de la situación de dependencia aquellas que se fundamentan en situaciones de extraordinaria y urgente necesidad o especial vulnerabilidad, debidamente motivadas a propuesta de los servicios sociales de atención primaria, las cuales serán formalmente declaradas de "emergencia ciudadana" por la persona titular de la Dirección General de Servicios Social y personas en Situación de Dependencia.

EJERCICIO

4.1.2. INFORME SOCIAL DEL ENTORNO

Una vez rellenada la solicitud junto con la documentación requerida en los servicios sociales de atención primaria, el/la Trabajador/a Social procede a realizar un informe social, llamado "informe social del entorno" y completado el expediente, para el cual se realiza una visita en el domicilio de la persona interesada, en la cual los/las profesionales recaudan información relativa a las necesidades sociales que tenga la persona interesada, y que será incorporado al expediente.

Dependiendo de la modalidad de residencia de la persona el informe se elabora por profesionales determinados/das:

Cuadro n.º 12. Personal responsable de la elaboración del Informe de Entorno según la modalidad de residencia de la persona interesada.

Modalidad de residencia	Profesionales responsables
En su domicilio	Trabajador/a social de los servicios sociales de atención primaria correspondientes
En un recurso residencial público	Trabajador/a social del recurso residencial
En residencia pública de gestión privada En residencia privada concertada En residencia privada	Trabajador/a social de los servicios sociales de atención primaria correspondientes al municipio donde se preste el servicio
Hospitalizada en hospitales públicos de larga estancia	Trabajador/a social del centro hospitalario
Hospitales privados de larga estancia	Trabajador /a social de los servicios sociales de atención primaria correspondientes al municipio donde se encuentre el centro hospitalario
En centros penitenciarios	Trabajador/a social del mencionado organismo
En un recurso residencial público En centros penitenciarios	Los servicios sociales de atención primaria que impulsan el expediente solicitarán a trabajador/a social competente el informe social de entorno

Elaboración propia. Fuente: Decreto 62/2017, de 19 de mayo, por el cual se establece el procedimiento para reconocer el grado de dependencia en las personas y el acceso al sistema público de servicios y prestaciones económicas. DOCV n.º 8061, de 13. 06.2017.

Para la realización del informe social se contará con la información disponible facilitada por las o los profesionales que, por razón de sus competencias, intervengan en el ámbito de la persona dependiente, de su familia o de la persona cuidadora.

4.1.3. VALORACIÓN DE LA DEPENDENCIA

La valoración consiste en la determinación técnica del grado de dependencia de las personas mediante la aplicación de varios instrumentos y procedimientos de evaluación.

El grado de dependencia de la persona interesada se tiene que determinar teniendo en cuenta el que establece:

- el baremo de valoración de la situación de dependencia vigente en el momento de presentación de la solicitud

- el informe social de entorno

- el informe de salud y, si procede

- los productos técnicos, ortesis y prótesis que le hayan sido prescritas o cualquier documento relevante en cuanto a las condiciones sociales o de salud que consto en el expediente.

El baremo actual consta, por un lado, del baremo de valoración de la dependencia (BVD) para personas de más de 3 años y, de otra, de la Escala de Valoración Específica (EVE) que se aplica a personas de 0 a 3 años.

Una vez emitido el informe social de entorno, los servicios sociales de atención primaria correspondientes notifican a la persona interesada la fecha y hora en que se tenga que hacer la valoración en su propio entorno habitual, es decir, a su domicilio. Sin embargo, se podrá llevar a cabo la valoración en unas instalaciones diferentes en el domicilio de la persona interesada, si está debidamente motivado.

Completada la recopilación de la información, el/la profesional competente tiene que aplicar el instrumento de valoración para establecer si es el caso, la puntuación que determina el grado de dependencia. Si hubiera dificultades en la valoración, y después de analizar la documentación aportada, se podrán pedir todos los datos adicionales necesarios sobre la situación personal, de salud, familiar y social de la persona solicitante.

En caso de incomparecencia no justificada de la persona interesada, se le podrá declarar decaída en su derecho al trámite. Se producirá la caducidad del procedimiento cuando la valoración fuera imposible por causas imputables a la persona solicitante.

La valoración será realizada a todos los efectos por profesionales al servicio de las administraciones públicas del área social o sanitaria, con la formación específica y acreditada para valorar, la determinación se efectuará, atendiendo a los siguientes criterios:

Cuadro nº 13. Personal responsable de la <u>Valoración</u> según la modalidad de residencia de la persona interesada.

Modalidad de residencia	Profesionales responsables
En su domicilio	Profesionales de los servicios sociales de atención primaria correspondientes al domicilio
En un recurso residencial público de gestión pública	Profesionales al servicio de la Conselleria con competencia en materia de servicios sociales y dependencia
En un recurso residencial público de titularidad municipal	Profesionales de los servicios sociales de atención primaria correspondientes
En residencia no pública ni de gestión pública	Profesional de los servicios sociales de atención primaria del municipio donde se encuentre ubicado el recurso
Hospitalizada en hospitales públicos de larga y media estancia	Profesional del ámbito social y sanitario de la Conselleria con competencia en materia sanitaria
Hospitalizada en hospitales privados de larga y media estancia	Profesional empleado/a público de la Conselleria con competencias en servicios sociales y dependencia
En centros penitenciarios	Profesional al servicio de la Conselleria con competencias en materia de servicios sociales y dependencia
Menores de edad inferior a tres años en hospitalización del larga estancia	En el centro hospitalario por profesional del ámbito social y sanitario de la Conselleria con competencia en materia sanitaria
En los casos relativos a personas con trastorno mental grave	Centros de las unidades de salud mental de la red pública asistencial

Elaboración propia. Fuente: Decreto 102/2022 de 5 de agosto, del Consejo, por el cual se modifica el Decreto 62/2017, de 19 de mayo, del Consejo, por el cual se establece el procedimiento para reconocer el grado de dependencia en las personas y el acceso al sistema público de servicios y prestaciones económicas. DOGV n.º 9404 de 12.08.2022.

No obstante las reglas generales contenidas en el apartado anterior, excepcionalmente la valoración podrá ser asignada por la dirección general con competencias en materia de atención a las personas en situación de dependencia a profesional diferente, respetando el perfil social o sanitario, del que por aplicación de aquellas correspondería, cuando en el caso concreto concurran circunstancias especiales en la persona que lo hagan necesario, las cuales quedarán reflejadas y motivadas en el expediente.

Los grados de dependencia se obtienen de acuerdo con la siguiente tabla, todo esto sin perjuicio de las variaciones que se realizan por la normativa básica correspondiente:

Cuadro nº 14. Grados de dependencia y puntuación según baremo.

Grado de dependencia	Puntuación según baremo
Grado 0. No dependiente	0-24
Grado I. Dependencia moderada	25-49
Grado II. Dependencia severa	50-74
Grado III. Gran dependencia	75-100

Elaboración propia. Fuente: Real Decreto 174/2011, de 11 de febrero, por el cual se aprueba el baremo de valoración de la situación de dependencia establecido por la Ley 39/2006, de 14 de diciembre, de Promoción de la Autonomía Personal y Atención a las personas en situación de dependencia. BOE n.º 42, 18-02-2011.

A las personas que tengan reconocido el complemento de la necesidad del concurso de otra persona del procedimiento para el reconocimiento, declaración y calificación de grado de diversidad funcional, se les reconocerá el grado que les corresponda, en función de la puntuación específica otorgada por el mencionado baremo, de acuerdo con la siguiente tabla:

Cuadro n.º 15. Correspondencia de los grados reconocidos de Diversidad Funcional con los grados de dependencia.

Grado de Diversidad Funcional Puntos reconocidos	Correspondencia con Grado de Dependencia
De 15 a 29 puntos	Grado I
De 30 a 44 puntos	Grado II
De 45 a 72 puntos	Grado II

Elaboración propia. Fuente: Decreto 62/2017, de 19 de mayo, por el cual se establece el procedimiento para reconocer el grado de dependencia en las personas y el acceso al sistema público de servicios y prestaciones económicas. DOCV n.º 8061, de 13. 06.2017.

A las personas que tengan reconocido el complemento de Gran Invalidez del Sistema de la Seguridad Social se los reconocerá, en todo caso, el grado III.

Cuadro n.º 16. Correspondencia del complemento de Gran Invalidez.

Complemento de la Seguridad Social	Correspondencia con Grado de Dependencia
Complemento de Gran Invalidez	Grado III

Elaboración propia. Fuente: Decreto 62/2017, de 19 de mayo, por el cual se establece el procedimiento para reconocer el grado de dependencia en las personas y el acceso al sistema público de servicios y prestaciones económicas. DOCV n.º 8061, de 13. 06.2017.

4.1.4. DICTAMEN, RESOLUCIÓN, REVISIÓN DEL RECONOCIMIENTO DEL GRADO DE DEPENDENCIA

Una vez realizada la valoración, el órgano valorador competente emite un "dictamen técnico" con indicación del grado de dependencia propuesto y especificación de los servicios o prestaciones a que la persona pueda optar en virtud de su grado y circunstancias personales, que eleva a la Dirección General de Servicios Sociales y Personas en Situación de Dependencia. La resolución, que es dictada por la persona titular de la Dirección General de Servicios Sociales y Personas en Situación de Dependencia, se emite expresa y por escrito y se notificará a la persona interesada y a los Servicios sociales de atención primaria correspondientes. La resolución contiene el reconocimiento de la situación de dependencia y el grado de la misma. Se determinan los servicios, prestaciones o cualquier otra condición que le corresponda a la persona solicitante en función del grado establecido, así como su compatibilidad o no, debidamente motivada, con las preferencias expresadas por la persona interesada.

El plazo máximo para dictar y notificar la resolución de grado es de tres meses, computando desde la fecha de registro de entrada de la solicitud en el registro del

126

órgano competente para su tramitación. Si transcurrido este plazo no se ha dictado y notificado resolución expresa, se entiende estimada la solicitud, sin perjuicio de la obligación de la administración de resolver expresamente.

La revisión del grado de dependencia se puede formular a instancia de la persona interesada (representante legal o guardador/a de hecho) o de oficio por la Dirección General de Servicios Sociales y Personas en Situación de Dependencia. La revisión puede instarse por las siguientes causas:

a) Mejora o empeoramiento de la situación de dependencia

b) Error de diagnóstico o error en la aplicación del correspondiente baremo o escala

c) Que la persona sea menor de edad, en este caso las revisiones se realizarán de oficio

d) Que el grado hubiera sido reconocido con carácter provisional por la previsión de mejora o empeoramiento por evolución patológica, en este caso la Administración iniciará de oficio la revisión del grado de dependencia reconocido.

Una vez revisada se confirma o se modifica el grado de dependencia anterior. Si transcurridos tres meses no es dictada, se considerará estimada, sin perjuicio de la obligación de la administración de resolver expresamente. Si la modificación de grado implica modificación del Programa Individual de Atención, se efectuarán de oficio las actuaciones pertinentes a fin de dictar el nuevo Programa Individual de Atención.

4.1.5. PROGRAMA INDIVIDUAL DE ATENCIÓN (PIA)

Al emitir la resolución, la Dirección General de Servicios Sociales y Personas en Situación de Dependencia, también aprueba el "Programa Individual de Atención (PIA)" en los casos en que coinciden las preferencias expuestas por la persona interesada con el informe social de entorno y el reconocimiento del grado de dependencia.

El PIA presenta el siguiente contenido:

a) Identificación de la persona en situación de dependencia.

b) Servicio o servicios reconocidos, con la indicación de las condiciones específicas de la prestación de estos, así como de la aportación económica para determinados supuestos. Si es el caso, cuando el derecho al servicio se hubiera generado antes de la resolución se tiene que establecer la compensación retroactiva del mismo en función de las circunstancias del caso.

c) Prestación o prestaciones, con la indicación de las condiciones específicas de las mismas, así como sus posibles efectos retroactivos.

d) Obligaciones de la persona en situación de dependencia.

Cuando no son compatibles las preferencias expuestas por la persona interesada con el informe social de entorno y el reconocimiento del grado de dependencia, la Dirección General de Servicios Sociales y Personas en Situación de Dependencia elabora una "propuesta de PIA" que será remitida a la persona interesada porque efectúe alegaciones en un plazo de 15 días, si considera oportuno. Si no se recibe alegaciones la Administración procede a la resolución de acuerdo la propuesta realizada. Si se presentan alegaciones estas son estudiadas por la Comisión Técnica Evaluadora de la Situación de Dependencia que emitirá resolución notificando a la persona interesada. La resolución de PIA será dictada y notificada en un plazo máximo de tres meses desde la resolución del grado. Si transcurrido este plazo no ha sido dictada ni notificada la resolución se consideraría estimada por la Administración. Si transcurrido el plazo indicado no se hubiera resuelto el correspondiente servicio o prestación, el derecho a la prestación o servicio tendrá efectos desde el día siguiente al del cumplimiento del mencionado plazo máximo para resolver, y en todo caso desde los seis meses contados desde el día siguiente a la fecha de solicitud inicial.

El seguimiento del PIA es responsabilidad de los servicios sociales de atención primaria, de forma que una vez resuelto el PIA estos tienen que realizar el seguimiento para la efectiva ejecución del mismo, especialmente cuando se trata de servicios o prestaciones a recibir en el domicilio. Excepcionalmente, este seguimiento se podrá asignar a otro órgano de seguimiento. Cualquier variación en la situación de la persona en situación de dependencia se tiene que comunicar en el plazo máximo de un mes.

La revisión del PIA puede realizarse a instancia de la persona interesada (el/la sede/a representante legal o guardador/a de hecho) con informe motivado de los servicios sociales de atención primaria (o, si se tercia, de los servicios sociales que designe la Consellería) siempre que se acredite una variación en las condiciones de salud o en la situación del entorno social que pudieran motivar una modificación del servicio o prestación económica reconocida. También puede revisarse el PIA de oficio a raíz de los informes de seguimiento o cuando se produzca una revisión del grado de dependencia, siempre que esta implique una modificación de las prestaciones económicas o servicios recibidos. El plazo de resolución de la revisión será de seis meses como máximo. La actualización del importe de las prestaciones económicas y de las correspondientes tasas por la prestación de servicios no tendrá carácter de revisión PIA.

Como excepción y para atender a personas en situación de abandono y en situaciones de excepcional gravedad sanitaria o social que puedan afectar estos o sus familias, podrá asignar el servicio de dependencia con carácter previo a la elaboración del PIA.

Los traslados entre comunidades autónomas de personas dependientes o que han solicitado el reconocimiento de la situación de dependencia queda como se esquematiza en el cuadro siguiente:

Cuadro nº 17. Traslados entre comunidades autónomas de personas dependientes o solicitantes del reconocimiento de la situación de dependencia.

	Origen	
	Comunidad Valenciana	**Otras Comunidades Autónomas**
Expediente de solicitud abierto	Solicitar el traslado de expediente a la Dr. G. Servicios Sociales y Personas en Situación de Dependencia.	-La CCAA de origen comunica traslado a la Dr. G. Servicios Sociales y Personas en Situación de Dependencia. -Persona interesada libra documento de identidad y volante de empadronamiento (excepto autorización telemática)
Grado de dependencia reconocido		Validez también en la C. Valenciana
Recurso reconocido		Con recurso reconocido, se tendrá que: -Determinar un nuevo PIA por la Dr. G. Servicios Sociales y Personas en Situación de Dependencia. - La administración de origen mantendrá el abono de las correspondientes prestaciones económicas.
Traslados temporales dentro del territorio español	Mantendrán el derecho y reserva del servicio y continuarán percibiendo la prestación económica a cargo de la Generalitat Valenciana conforme la normativa básica estatal.	

Elaboración propia. Fuente: Decreto 62/2017, de 19 de mayo, por el cual se establece el procedimiento para reconocer el grado de dependencia en las personas y el acceso al sistema público de servicios y prestaciones económicas. DOCV n.º 8061, de 13. 06.2017.

4.2. SERVICIOS Y PRESTACIONES DEL SAAD EN LA COMUNIDAD VALENCIANA

La red de centros y servicios del sistema para la autonomía personal y atención a las personas en situación de dependencia en la Comunidad Valenciana está constituida por:

a) Centros y servicios públicos de titularidad de la Generalitat y de sus organismos o entidades dependientes.

b) Centros y servicios públicos de titularidad de las entidades locales de la Comunidad Valenciana, o de sus organismos o entidades dependientes.

c) Centros y servicios privados de entidades sin ánimo de lucro subvencionados por la Generalitat o integrados en el régimen de concierto social por la Generalitat.

d) Centros y servicios privados la titularidad de los cuales es de empresas mercantiles que disponen de plazas mediante contratación pública por la Generalitat para la prestación de los servicios de promoción de la autonomía personal y atención a personas en situación de dependencia.

Cuadro nº 18. Servicios del SAAD en la Comunidad Valenciana

SERVICIOS	
Servicios de Prevención de la Dependencia	
Servicios de Atención a la dependencia	Servicios de Promoción de la Autonomía personal
	Teleasistencia
	Servicio Ayuda a Domicilio
	Centro día/noche
	Centro residencial

Elaboración propia. Fuente: Decreto 62/2017, de 19 de mayo, por el cual se establece el procedimiento para reconocer el grado de dependencia en las personas y el acceso al sistema público de servicios y prestaciones económicas. DOCV n.º 8061, de 13. 06.2017.

Cuadro nº 19. Prestaciones del SAAD a la Comunidad Valenciana

PRESTACIONS ECONÒMIQUES	
Prestación económica vinculada a Servicio	Cuantía económica para contratar un servicio ante la inexistencia de plazas en la red pública (centros públicos y concertados acreditados y autorizados)
Prestación económica para cuidados en el entorno familiar	Cuantía económica destinada a la persona beneficiaria
Prestación económica de asistencia personal	Cuantía económica destinada a contribuir en la contratación de un/a asistente personal
Prestación vinculada de garantía	Prestación económica vinculada al servicio residencial (no disposición plaza pública en 20 Kms)

Elaboración propia. Fuente: Decreto 62/2017, de 19 de mayo, por el cual se establece el procedimiento para reconocer el grado de dependencia en las personas y el acceso al sistema público de servicios y prestaciones económicas. DOCV n.º 8061, de 13. 06.2017.

Cuadro nº 20. Adscripción de los servicios del SAAD según los niveles de atención de los Sistema Público de Servicios Sociales de la Comunidad Valenciana (SPVSS)

SERVICIOS		Nivel de Atención en el SPSS
Servicios de Prevención de la Dependencia y Promoción de la Autonomía personal		Nivel de Atención Primaria de carácter Básico y Específico
Servicios de Atención a la dependencia	Teleasistencia	Nivel de Atención Primaria de carácter Básico y Específico
	Servicio Ayuda a Domicilio	Nivel de Atención Primaria de carácter Básico y Específico
	Centro día/noche	Nivel de Atención Primaria de carácter Específico
	Centro residencial	Nivel de Atención Secundaria

Elaboración propia. Fuente: Decreto 27/2023, de 10 de marzo, del Consejo, por el cual se regulan la tipología y el funcionamiento de los centros, servicios y programas de servicios sociales, y la ordenación de estos dentro de la estructura funcional, territorial y competencial del Sistema Público Valenciano de Servicios Sociales. DOGV n.º 9559 de 22.03.2023.

4.2.1. SERVICIOS DE PREVENCIÓN DE LAS SITUACIONES DE DEPENDENCIA Y DE LA PROMOCIÓN DE LA AUTONOMIA PERSONAL

El servicio de prevención de las situaciones de dependencia tiene como finalidad prevenir la aparición o la agravación del grado de dependencia, mediante el desarrollo coordinado, entre los servicios sociales y de salud, de actuaciones de promoción de condiciones de vida saludables, programas de atención biopsicosocial y servicios de carácter preventivo y de rehabilitación, dirigidos a las personas en situación de dependencia. El servicio de prevención de las situaciones de dependencia se desarrollará en el marco de los planes específicos de prevención y de acuerdo con los criterios, recomendaciones y condiciones mínimas que establezca el Consejo Territorial de Servicios Sociales y del Sistema para la Autonomía y Atención a la Dependencia.

El servicio de promoción de la autonomía personal tiene por finalidad desarrollar y mantener la capacidad personal de controlar, afrontar y tomar decisiones sobre cómo vivir de acuerdo con las normas y preferencias propias y facilitar la ejecución de las actividades básicas de la vida diaria, fomentando las relaciones convivenciales durante todo el ciclo vital de las personas. Es un servicio de promoción de la autonomía personal aquel que se encuentra debidamente acreditado por la consellería competente, y que se clasifican en:

a) Habilitación y terapia ocupacional

b) Atención temprana

c) Estimulación cognitiva

d) Promoción, mantenimiento y recuperación de la autonomía funcional.

e) Habilitación psicosocial para personas con enfermedad mental o discapacidad intelectual.

f) Apoyos personales, atención y cuidados en viviendas tuteladas supervisadas o asimiladas.

Cuando los servicios especificados en las letras b) y e) sean prestados en Centros de Atención temprana (CAT) y en Centros de Rehabilitación e Inserción Social (CRIS), respectivamente, tendrán la consideración de servicio de promoción de la autonomía personal en todo caso.

Cuadro nº21. Correspondencia entre prestaciones del SAAD y centros, servicios y programas del SPVSS

Servicios del SAAD de prevención de la dependencia y promoción de la autonomía	Centros, servicios y programas del SPVSS
Promoción autonomía personal	
Habilitación y terapia ocupacional	Programas de promoción de vida independiente. Programa de acompañamiento a las familias y personas cuidadoras. Programa instrumental para la prevención y promoción de la autonomía personal del servicio de atención primaria básica. Centro de día y centros ambulatorios para personas mayores, con diversidad funcional o con problemas de salud mental de los servicios de atención primaria específica.
Atención precoz/temprana	Programa de atención de desarrollo infantil (ADI) de los servicios de atención primaria básica.

	Centros de desarrollo infantil y atención temprana (CDIAT) de los servicios de atención primaria específica.
Estimulación cognitiva	Programa instrumental para la prevención y promoción de la autonomía personal de la atención primaria. Centros de día, centros ambulatorios, centros de envejecimiento activo comunitario y resto de programas de la atención primaria específica para personas con problemas de salud mental
Promoción, mantenimiento y recuperación de la autonomía funcional	Programas de promoción de la vida independiente, acompañamiento a las familias y a las personas cuidadoras, mejora de la autonomía personal del servicio de atención primaria básica de prevención y promoción de la autonomía. Centros de día y centros ambulatorios de atención primaria específica de acuerdo con el perfil de la persona usuaria de los servicios de atención primaria específica.
Habilitación psicosocial para personas con enfermedad mental o discapacidad intelectual	Programa de atención y seguimiento de las personas con dificultades asociadas a la salud mental del servicio de la atención primaria específica. Centros de día y centros ambulatorios de la atención primaria específica. Centro de recuperación e inclusión social y sociolaboral para personas con problemas de salud mental (CRISOL).
Apoyos personales, atención y cuidados en alojamientos de apoyo a la inclusión comunitaria	Programas de promoción de la vida independiente. Programa de acompañamiento a las familias y a las personas cuidadoras. Programa de mejora de la autonomía personal a través de apoyos personales y domiciliarios. Servicio de promoción de la autonomía, de la atención primaria básica. Centros de día y centros ambulatorios de atención primaria específica de acuerdo con el perfil de la persona usuaria de los servicios de atención primaria específica.

Elaboración propia. Fuente: Decreto 27/2023, de 10 de marzo, del Consejo, por el cual se regulan la tipología y el funcionamiento de los centros, servicios y programas de servicios sociales, y la ordenación de estos dentro de la estructura funcional, territorial y competencial del Sistema Público Valenciano de Servicios Sociales. DOGV n.º 9559 de 22.03.2023.

4.2.2. SERVICIOS DE ATENCIÓN A LA SITUACIÓ DE DEPENDÈNCIA

4.2.2.1. Servicio de Teleasistencia

El servicio de Teleasistencia facilita asistencia a los beneficiarios mediante el uso de tecnologías de la comunicación y de la información, con apoyo de los medios personales necesarios, en respuesta inmediata ante situaciones de emergencia, o de inseguridad, soledad y aislamiento para prevenir riesgos en el domicilio. Puede ser un servicio independiente o complementario al de ayuda a domicilio. Este servicio se presta a las personas que no reciben servicios de atención residencial y así lo establece su Programa Individual de Atención. El servicio de teleasistencia se prestará las veinticuatro horas del día durante todos los días del año y tiene la finalidad de incrementar la autonomía, favoreciendo la permanencia en el entorno en condiciones adecuadas.

4.2.2.2. Servicio de Ayuda a domicilio

El servicio de ayuda a domicilio lo constituye el conjunto de actuaciones llevadas a cabo en el domicilio de las personas en situación de dependencia a fin de atender sus necesidades de la vida diaria e incrementar su autonomía, favoreciendo la permanencia en condiciones adecuadas.

El servicio de ayuda a domicilio es una intervención integral, asistencial, preventiva, rehabilitadora y psicoeducativa, multidisciplinaria y comunitaria que comprende la atención de carácter doméstico, psicosocial, educativo y personal, mediante los servicios previstos en la Ley de la Dependencia (Ley 39/2006, de 14 de diciembre) todo esto con el objetivo de evitar la institucionalización, el deterioro cognitivo, los trastornos psíquicos, dar respuesta a la soledad no deseada, y asegurar el bienestar emocional.

Los servicios relacionados con la atención de las necesidades domésticas solo podrán prestarse asociados con los servicios de atención personal.

Este servicio se prestará por las entidades locales, una vez se garantice por la Generalitat Valenciana, a través de los correspondientes instrumentos de colaboración, la adecuada financiación de aquellos servicios dirigidos a personas en situación de dependencia, de acuerdo con su PIA.

4.2.2.3. Servicio de Centro de Día y Centro de Noche

El servicio de Centro de día ofrece una atención integral durante el periodo diurno o nocturno a las personas mayores en situación de dependencia, con el objetivo de mejorar o mantener el mejor nivel posible de autonomía personal y apoyar a las familias o cuidadores. En particular, cubre, desde un enfoque biopsicosocial, las necesidades de carácter asistencial y rehabilitador favoreciendo la permanencia de las personas mayores en su ambiente familiar y social.

Las modalidades de centro de día para personas con diversidad funcional pueden ser:

a) Centros de día.

b) Centros ocupacionales para personas con diversidad funcional.

El servicio de centro por la noche tiene por finalidad dar respuesta a las necesidades de la persona en situación de dependencia que necesite atención durante la noche. El servicio se ajustará a las necesidades específicas de las personas beneficiarias atendidas.

4.2.2.4. Servicio de Atención residencial

El servicio de atención residencial es el servicio de carácter permanente que constituye la residencia habitual de la persona en situación de dependencia y ofrece una atención integral y continuada, de carácter personal, social y sanitaria, teniendo en cuenta la naturaleza de la dependencia, su grado y la intensidad de los cuidados que precise.

Se incluyen como servicios de atención residencial de carácter permanente las siguientes tipologías de centros:

a) Centro de atención residencial para personas mayores en situación de dependencia.

b) Centro de atención residencial a personas en situación de dependencia, por razón de diversidad funcional.

c) Viviendas Tuteladas asistidas para personas en situación de dependencia o recurso equivalente.

Cuadro nº 22. Servicios de asistencia del SAAD y su correspondencia con los servicios y programas del SPVSS

Servicios de asistencia del SAAD	Servicios y programas del SVPSS
Teleasistencia	Programa de teleasistencia. Servicio de promoción de la autonomía (atención primaria básica)
Ayuda a domicilio	Programa de atención domiciliaria. Servicio de promoción de la autonomía (atención primaria básica)
Centros de día y de noche	Centros diurnos y nocturnos. Servicio de atención diurna y nocturna (atención primaria específica) Alojamientos familiares temporales de estancias reducidas (AFTER)
Atención residencial	Centros residenciales de carácter convivencial. Servicio de alojamiento alternativo (atención primaria específica) Centros residenciales de atención secundaria.

Elaboración propia. Fuente: Decreto 27/2023, de 10 de marzo, del Consejo, por el cual se regulan la tipología y el funcionamiento de los centros, servicios y programas de servicios sociales, y la ordenación de estos dentro de la estructura funcional, territorial y competencial del Sistema Público Valenciano de Servicios Sociales. DOGV n.º 9559 de 22.03.2023.

4.2.3. PRESTACIÓN ECONÓMICA VINCULADA AL SERVICIO

La prestación económica vinculada al servicio tiene por objeto contribuir a la financiación del coste de los servicios establecidos en el PIA de cada persona beneficiaria, en función de su grado de dependencia:

- cuando no sea posible la atención a través de la red de centros y servicios públicos y privados concertados del sistema SAAD en la Comunidad Valenciana

- o la persona beneficiaria (el/la sede/a representante o guardador o guardadora de hecho), por motivos justificados, no considere adecuada la plaza adjudicada en el procedimiento de aprobación del PIA.

Esta prestación económica de carácter personal estará, en todo caso, vinculada al acceso a un servicio que establece el PIA por parte de la persona beneficiaria.

La prestación económica estará vinculada para los siguientes servicios:

a) Servicio de atención residencial

b) Servicio de centro de día y por la noche

c) Servicio de ayuda a domicilio

d) Servicio de teleasistencia

e) Servicios de prevención de situación de dependencia y servicios de promoción de la autonomía personal

La prestación económica vinculada al servicio tendrá que ser aplicada a la obtención de una plaza no concertada de centro o servicio que se encuentre debidamente acreditado para la atención a personas en situación de dependencia.

La Generalitat Valenciana establece que tienen derecho a la prestación económica vinculada al servicio las personas quienes reúnen los siguientes requisitos acumulativamente:

a) Cumplir las condiciones específicas previstas para el acceso al centro o servicios de atención a los que se vincula la prestación según el suyo PIA

b) Ocupar, de forma continuada, plaza no concertada en centros acreditados o recibir la prestación del servicio mediante empresas acreditadas. Se entiende que hay continuidad en la recepción del servicio cuando no existan, durante el año natural, periodos de ausencia de ocupación que superan dos meses.

4.2.4. PRESTACIÓN ECONÓMICA PARA CUIDADOS EN EL ENTORNO FAMILIAR

Constituyen cuidados en el entorno la atención prestada a las personas en situación de dependencia en su domicilio por personas cuidadoras con relación familiar o afines, o por personas cuidadoras con habilidades laborales para su cuidado.

La finalidad de esta prestación económica es secundar económicamente la labor que la persona cuidadora desarrolla en el entorno familiar y de conseguir la permanencia de las personas en situación de dependencia en su núcleo convivencial de origen, cuando así lo elija la persona beneficiaria y se considere idónea la atención en el PIA.

En el Plan Individual de Atención (PIA) quedará constancia que la persona beneficiaria ha acreditado las siguientes circunstancias:

a) Que está siendo atendida mediante cuidados en el entorno familiar por una persona cuidadora que cumpla los requisitos.

b) Que su vivienda cumple los requisitos de habitabilidad que la hacen apta para su utilización en función de su grado de dependencia.

c) Que reúne las condiciones adecuadas de convivencia.

Condiciones para ser persona cuidadora en el entorno familiar de una persona en situación de dependencia:

1) Personas cuidadoras con relación familiar:

• Cónyuge o persona con relación análoga a la conyugal,

• Hijo o hija,

• Padre o madre,

135

• Así como padres y madres de acogida

• Parientes por consanguinidad o afinidad hasta el cuarto grado.

• Excepcionalmente, podrán ser cuidadoras con relación familiar las personas reunidas a una persona en situación de dependencia (acreditado en preceptivo informe social de entorno).

Dos personas cuidadoras con relación familiar podrían atender a una misma persona en situación de dependencia, entendiéndose que la dedicación de cada una será al 50 por ciento (acreditado en preceptivo informe social).

2) Personas cuidadoras con relación laboral: personas idóneas para los cuidados (acreditado en informe social de entorno). Hay que formalizar contrato de trabajo.

Requisitos de la persona que hace los cuidados:

a) Ser mayor de edad.

b) No tener reconocida ni haber solicitado el reconocimiento de la situación de dependencia en cualquier de sus grados, ni estar en situación de gran invalidez.

c) Tener acreditada la capacidad física, mental e intelectual suficiente para desarrollar adecuadamente por sí misma las funciones de atención y cuidado (informe social de entorno).

d) Estar empadronada a una distancia del domicilio de la persona beneficiaria que permita, por proximidad, el normal desarrollo de los cuidados.

e) Estar en disposición de prestar los cuidados personalizados a la persona en situación de dependencia durante un plazo de, al menos, un año continuado. Este requisito se acreditará mediante compromiso formal ante el órgano encargado de la tramitación del PIA.

f) No estar vinculada la persona cuidadora a una empresa o entidad acreditada para la prestación de servicios de atención domiciliaria.

g) Acreditar una formación específica en materia de cuidados a personas en situación de dependencia, o bien comprometerse a realizarla.

h) Asumir formalmente ante la administración los compromisos necesarios para la atención y cuidado de la persona en situación de dependencia.

y) Atender de manera exclusiva a una persona dependiente, sin perjuicio que, excepcionalmente, se podrá atender de manera simultánea a dos personas en situación de dependencia en los siguientes casos:

1. cuando estas se encuentran en situación de gran dependencia o dependencia severa, siempre que convivan con la persona cuidadora en el mismo domicilio y que cuenta con el informe favorable de entorno.

136

2. cuando estas se encuentran en situación de dependencia moderada siempre que vivan en el mismo municipio que la persona cuidadora o que la distancia de sus domicilios no supere los 10 km y que cuenta con el pronunciamiento favorable en el informe social de entorno.

3. cuando tengan diferentes grados de dependencia, se seguirán las indicaciones recogidas en el informe del equipo de atención primaria de servicios sociales.

En ningún caso se podrá atender de manera simultánea además de dos personas en situación de dependencia.

La persona cuidadora que se acoja a esta excepción no podrá ejercer ninguna actividad laboral, a excepción de la que, es su caso, esté prestando a las personas en situación de dependencia de la cual es la persona cuidadora.

j) No haber sido condenada por sentencia firme por delito de lesiones, de maltratos, violencia de género, delitos sexuales o contra la integridad y la libertad de las personas, salvo que se haya extinguido su responsabilidad penal.

Cambio de cuidador/a:

La persona beneficiaria de la prestación, directamente o a través de sus representantes, podrá decidir el cambio de su persona cuidadora si bien este tiene que ser comunicado con dos meses de antelación ante los servicios sociales de atención primaria. Se exceptúa de esta comunicación previa los casos en los cuales tenga que realizarse la sustitución por baja de la anterior persona cuidadora.

Condiciones de la vivienda:

Para el reconocimiento de la prestación económica, la vivienda de la persona beneficiaria tendrá que cumplir las condiciones de habitabilidad, salubridad, conservación, equipamiento, higiene y accesibilidad que la hagan apta para su uso por parte de esta. A tal efecto, el informe social valorará:

a) La tipología de la vivienda, la cual contará con los metros suficientes para ser considerada idónea.

b) Su distribución interior y la existencia o no de elementos que constituyan barreras arquitectónicas que impidan la movilidad de la persona en situación de dependencia, así como la posibilidad de uso de ayudas técnicas en el interior de esta.

c) La ubicación de la vivienda, proximidad a servicios básicos y accesibilidad a esta.

Se tendrá que obtener el correspondiente consentimiento para el acceso a la vivienda de la persona en situación de dependencia a las personas designadas por los servicios sociales de atención primaria para comprobar el cumplimiento de los requisitos o verificar la variación de las circunstancias que fueron tenidas en cuenta para la concesión de la prestación, así como para realizar el informe de seguimiento.

Formación:

Las personas cuidadoras que reúnan los requisitos establecidos en este artículo, y que estén prestando atención a personas en situación de dependencia, tendrán derecho y obligación de participar en programas de formación, información y apoyo que la Generalitat desarrollará en coordinación con la Administración General del Estado de acuerdo con el que se establezca en el Consejo Territorial de Servicios Sociales y del Sistema para la Autonomía y Atención a la Dependencia.

Acreditación profesional

Así mismo, podrán tener acceso a través de la Consellería con competencias en materia de Educación, al procedimiento de evaluación y acreditación de determinadas unidades de competencias profesionales adquiridas a través de la experiencia laboral o de vías no formales de formación, para las calificaciones profesionales de Atención sociosanitaria a personas dependientes en instituciones sociales y Atención sociosanitaria a personas en el domicilio, también podrán tener acceso a la formación del servicio LABORA de la Consellería con competencia en Economía Sostenible, Sector productivo y Comercio.

Convenio especial de la Seguridad Social

Las personas cuidadoras con relación familiar podrán, de manera voluntaria, suscribir el convenio especial de la Seguridad Social de personas cuidadoras de las personas en situación de dependencia. A las personas cuidadoras con relación laboral se les aplicará la normativa laboral, convenio colectivo y de seguridad social aplicable en cada momento.

4.2.5. PRESTACIÓN ECONÓMICA DE ASISTENCIA PERSONAL

La prestación económica de asistencia personal es aquella que tiene como finalidad financiar los gastos destinados a la promoción de la autonomía de las personas en situación de dependencia en cualquier de sus grados por razón de su diversidad funcional.

Su objetivo es facilitar a la persona beneficiaria el acceso a:

1. Educación

1. Trabajo

2. Posibilitar una mayor autonomía en el ejercicio de las actividades básicas de la vida diaria

3. Inclusión y participación en la comunidad (Convención de Naciones Unidas de Derechos de las Personas con Discapacidad).

Proyecto de vida independiente

Así mismo, está destinada a atender personas que, por su situación de dependencia, precisan el apoyo de esta figura para llevar a cabo su proyecto de vida independiente, que le permita desarrollar las actividades personales, laborales, formativas, culturales, deportivas y sociales en condiciones de igualdad respecto al resto de la población.

Se distinguen las siguientes tipologías de persona Profesional de Asistencia Personal:

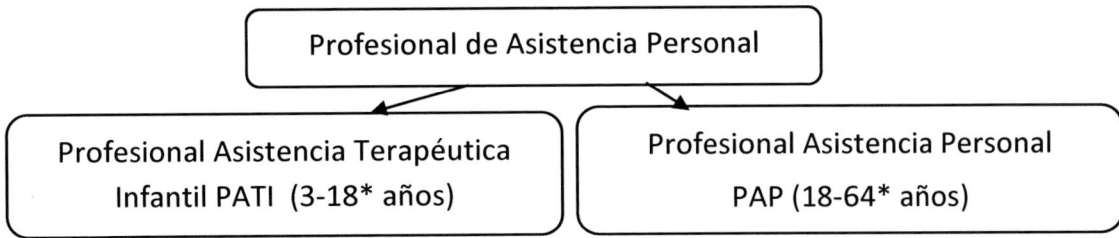

Persona Profesional de Asistencia Terapéutica Infantil (PATI), tiene como objetivo impulsar todas las capacidades y fortalezas en la primera etapa de vida de las criaturas (desde los 3 a los 18 años), mejorando habilidades y fomentando la integración y rehabilitación de las condiciones neurofísicas, desde un prisma profesional cualificado y bioètico que fortalezca de manera sustancial su proyecto vital. Así mismo tiene un rol de asistencia y acompañamiento, apoyo personal y familiar, intervención bio-psicosocial individualizada y centrada en la persona, mediador social con iguales y en torno. Está enfocada a la autonomía de la persona, la autodeterminación, su desarrollo integral y la inclusión social.

Para la aprobación de esta prestación se tomará en consideración si responde al interés superior de la criatura y si tiene la madurez suficiente, y en todo caso, cuando tenga los 12 años cumplidos se escucha la opinión de la criatura.

Se hace necesaria la coordinación con el equipo educativo del centro escolar en la elaboración y aplicación del Plan de Actuación Personalizado. En este punto se contemplan dos posibilidades:

• Que la participación de la PATI dentro del horario lectivo no sea necesaria porque el centro disponga de todos los recursos necesarios de apoyo a la inclusión. Incluso podría participar en la elaboración y seguimiento del Plan de Actuación Personalizado.

• Que la PATI realice funciones de acompañamiento, dentro del horario lectivo del centro, como medida de apoyo, de acuerdo con los términos establecidos en el correspondiente Plan de Actuación Personalizado.

Requisitos (acumulativos) de las personas beneficiarias de la prestación:

1. Que hayan sido valoradas en cualquier de los grados de situación de dependencia.

2. Que tengan cumplidos los 3 años de edad y no hayan cumplido los 18* años.

3. Que realizan un proyecto de vida independiente (documento elaborado entre la persona en situación de dependencia, sus representantes legales y la persona que realiza la asistencia personal).

4. Que el PIA prescriba la idoneidad de esta prestación (informe social del entorno o informe social técnico).

5. Que formalizan un contrato de trabajo con la persona PATI o un contrato de prestación de este servicio con entidad jurídica o persona profesional acreditada.

Requisitos (acumulativos) de la Persona Profesional de Asistencia Terapéutica Infantil (PATI):

1. Que sean mayores de edad en la fecha de firma del contrato.

2. Que reúnan las condiciones de capacidad e idoneidad para prestar la asistencia personal (valoradas directamente por las representantes legales de la persona beneficiaria).

3. Que disponen de alguna de las titulaciones requeridas.

4. Que no tengan relación de parentesco con la persona beneficiaria, por consanguinidad o afinidad, hasta el cuarto grado. Tampoco podrán tener relación conyugal o relación análoga a la conyugal, ni ser persona acogedora de la persona beneficiaria.

5. Que estén en posesión del certificado negativo del registro de delincuentes sexuales.

6. Que prestan los servicios mediante contrato.

7. Declaración responsable de la persona asistente personal, junto a la solicitud, si la asistencia personal se presta por persona física.

8. Competencia lingüística suficiente en las dos lenguas oficiales para poder realizar las funciones de acompañamiento.

Al cumplir la persona beneficiaria los 18 años, tiene que presentar a la Administración pública un nuevo proyecto de vida independiente, y adecuando los requisitos, podría continuar con la persona Profesional de Asistencia Terapéutica Infantil.

Persona Profesional de Asistencia Personal (PAP) realiza las funciones de atención a personas que por su situación de dependencia no pueden realizar por sí mismas actividades básicas de la vida diaria o le resulta muy difícil hacerlas, permitiendo el desarrollo de un proyecto de vida independiente. Esta figura tiene un rol de asistencia y acompañamiento, apoyo personal y familiar, intervención bio-psicosocial individualizada y centrada en la persona, mediador social con iguales y en torno.

Requisitos (acumulativos) de las personas beneficiarias de la prestación:

Que hayan sido valoradas en cualquier de los grados de situación de dependencia previstos en el presente decreto.

Que tengan cumplidos los 18 años de edad y no hayan cumplido los 65* años (con excepciones).

Que por sí mismas o expresando a través de las medidas de apoyo que en su caso precisen en el ejercicio de su capacidad jurídica, manifiesten la voluntad de tener una vida independiente y determinan las actividades que se requieran, ejerzan su control e impartan instrucciones en la persona encargada de la asistencia personal.

Que realicen un proyecto de vida independiente (documento elaborado entre la persona en situación de dependencia y la persona que realiza la asistencia personal).

Que el PIA prescriba la idoneidad de esta prestación, (informe social del entorno o informe social técnico).

Que formalicen un contrato de trabajo con la persona de asistencia personal o un contrato de prestación de este servicio con entidad jurídica o persona profesional prestamista del servicio acreditada.

Requisitos (acumulativos) de las personas Profesionales de Asistencia Personal (PAP):

1. Que sean mayores de edad en la fecha de firma del contrato.

2. Que reúnan las condiciones de capacidad e idoneidad para prestar la asistencia personal (valora directamente la persona usuaria).

3. Que disponen de alguna de las titulaciones requeridas.

4. Que no tengan relación de parentesco con la persona beneficiaria, por consanguinidad o afinidad, hasta el cuarto grado. Tampoco podrán tener relación conyugal o relación análoga a la conyugal, ni ser persona acogedora de la persona beneficiaria.

5. Que presten los servicios mediante contrato.

6. Declaración responsable de la persona asistente personal, junto a la solicitud, si la asistencia personal se presta por persona física.

7. Que estén en posesión del certificado negativo del registro de delincuentes sexuales.

4.2.6. PRESTACIÓN VINCULADA DE GARANTIA

En el supuesto de que no se disponga de plaza pública residencial adecuada al grado de dependencia en un radio de 20 km respecto al domicilio de la persona en situación de dependencia, se ofrecerá a la persona usuaria, como medida sustitutiva de la plaza pública, la posibilidad de percibir una prestación económica vinculada al servicio residencial para aquellas plazas el coste real de las cuales cumpla con el que se estipula a continuación:

El importe de la citada prestación, y a fin de garantizar el acceso a un recurso de atención residencial en igualdad de condiciones económicas que las personas beneficiarias de una plaza pública, se determinará de acuerdo con la siguiente fórmula:

P Vinculada de Garantía = Coste real del servicio - Aportación de la persona usuaria

Para el cálculo de esta fórmula se entenderá el siguiente:

141

Coste real del servicio: Será el importe que figure en el contrato asistencial cuyo importe será necesariamente igual o inferior al precio de referencia que se establezca anualmente en la ley de presupuestos vigente en cada momento.

Aportación de la persona usuaria: Será el equivalente a la cuota de la tasa de atención residencial calculada conforme al que se establece en la normativa con rango de ley referida a las tasas de la Generalitat vigente en cada momento.

Las empresas prestadoras del servicio de atención residencial bajo la modalidad de Garantía, cobrarán, como máximo, el precio de referencia fijado en la correspondiente Ley de Presupuestos de la Generalitat, bien sector de personas mayores o bien sector de personas con diversidad funcional. En ningún caso podrán repercutir coste añadido para la persona residente por ninguno de los servicios prestados adicionalmente y en iguales condiciones que a las personas usuarias de plazas residenciales del sistema público valenciano.

Cuadro n.º 23. Prestaciones económicas SAAD y su correspondencia con servicios y Programas de SPSS

Prestaciones económicas SAAD	Servicios y Programas de SPVSS
Asistencia personal	Prestaciones económicas del servicio de Promoción de la autonomía de la atención primaria básica
Asistencia terapéutica infantil	Prestaciones económicas del servicio de Promoción de la autonomía de la atención primaria básica
Cuidados en el entorno familiar	Prestaciones económicas del servicio de Promoción de la autonomía de la atención primaria básica
Prestación vinculada a servicio para la promoción de la autonomía	Prestaciones económicas del servicio de Promoción de la autonomía de la atención primaria básica

Elaboración propia. Fuente: Decreto 27/2023, de 10 de marzo, del Consejo, por el cual se regulan la tipología y el funcionamiento de los centros, servicios y programas de servicios sociales, y la ordenación de estos dentro de la estructura funcional, territorial y competencial del Sistema Público Valenciano de Servicios Sociales. DOGV n.º 9559 de 22.03.2023.

4.2.7. NIVEL ADICIONAL DE PROTECCIÓN DE LAS PRESTACIONES

La Generalitat valenciana establece un nivel adicional de protección que se concreta en las siguientes prestaciones económicas:

a) A las personas beneficiarias de la prestación de asistencia personal, que se encuentren en situación de Grado III o Grado II la Generalitat valenciana complementará la cuantía máxima que establece la legislación estatal por grado, sin perjuicio de la posterior aplicación de las deducciones correspondientes por la percepción de prestaciones de análoga naturaleza, hasta la cuantía máxima establecida y que para los casos en que la persona o personas asistentes personales presten una dedicación total a partir de 120h/mes, coincide con el coste de referencia para el servicio de atención residencial de acuerdo con lo establecido por la ley de presupuestos de la Generalitat anualmente.

b) El importe íntegro del servicio o prestación adicional compatible en los casos en los cuales se establezca la compatibilidad entre diferentes servicios y prestaciones.

c) La diferencia entre la cuantía de la prestación vinculada al servicio determinada de acuerdo con las reglas establecidas, y la cuantía de la prestación vinculada de garantía regulada para la prestación vinculada de garantía.

d) Las personas solicitantes que opten por la contratación de personas cuidadoras con relación laboral para la prestación económica para cuidados en el entorno familiar obtendrán un incremento del 33% de la cuantía máxima que establece la legislación estatal por grado, con el fin de contribuir a las cotizaciones de la Seguridad Social obligatorias.

e) La diferencia entre la cuantía establecida para la prestación vinculada al servicio de ayuda a domicilio y las establecidas para las prestaciones vinculadas a nivel estatal.

f) Para las personas en situación de dependencia por razón de diversidad funcional que hayan solicitado un servicio de promoción consistente en «Apoyos personales, atención y cuidados en viviendas tuteladas supervisadas o asimilados», la cuantía a conceder será, independientemente del grado reconocido, la establecida por la normativa estatal para el grado III.

El nivel adicional de protección se financiará con cargo a los fondos propios de la Generalitat, y las prestaciones financiadas con cargo a este nivel no tendrán carácter de derecho subjetivo.

4.3. COMPATIBILIDADES-INCOMPATIBILIDADES

4.3.1.COMPATIBILIDADES DE LAS PRESTACIONES Y SERVICIOS

La Generalitat Valenciana establece el siguiente régimen de compatibilidades entre servicios y prestaciones económicas del sistema para la autonomía personal y atención a las personas en situación de dependencia en la Comunidad Valenciana:

1.El servicio de prevención y promoción de la autonomía personal o su prestación vinculada es compatible con los servicios y prestaciones económicas del sistema excepto el servicio de centro de atención diurna o su prestación vinculada, y el servicio de atención residencial permanente o su prestación vinculada, cuando este último disponga de actividades rehabilitadoras o terapéuticas adecuadas a todas las necesidades individualizadas y específicas de la persona en situación de dependencia. Tampoco será compatible con otra modalidad del servicio de prevención de las situaciones de dependencia y promoción de la autonomía. Sin embargo, en las viviendas tuteladas supervisadas o asimiladas o su prestación vinculada, por razón del proceso de autonomía, se podrá compatibilizar con la atención en centros de atención diurna o su prestación vinculada, o con el servicio de prevención y promoción de la autonomía personal y su prestación vinculada.

2. El servicio de teleasistencia será compatible con todos los servicios y prestaciones económicas del sistema salvo con el servicio de atención residencial permanente y su prestación vinculada.

3. El servicio de centro de atención diurna o su prestación vinculada será compatible con todos los servicios y prestaciones económicas del sistema salvo con el servicio de atención residencial permanente o su prestación vinculada cuando disponga de actividades rehabilitadoras o terapéuticas adecuadas a todas las necesidades individualizadas y específicas de la persona en situación de dependencia, y con los servicios de prevención y promoción de la autonomía personal o su prestación vinculada, a excepción de las viviendas tuteladas supervisadas o asimiladas o su prestación vinculada que sí que será compatible.

4. El servicio de ayuda a domicilio o su prestación vinculada, será compatible con todos los servicios y prestaciones económicas del sistema excepto con la prestación económica para cuidados en el entorno familiar, la prestación económica de asistencia personal, el servicio de atención residencial permanente o su prestación vinculada y la vivienda tutelada supervisada o asimilada o su prestación vinculada.

En el caso de personas que compatibilicen este servicio o prestación con el servicio de centro de atención diurna o su prestación vinculada, se estará a las intensidades reguladas al efecto.

5.El servicio de centro por la noche, será compatible con todos los servicios y prestaciones económicas del sistema salvo con el servicio de atención residencial permanente o su prestación vinculada y la vivienda tutelada supervisada o asimilada o su prestación vinculada.

6.El servicio de atención residencial permanente o su prestación vinculada no será compatible con ninguna otra prestación o servicio de atención a la dependencia.

Con carácter excepcional podrá ser compatible con el servicio de atención diurna o su prestación vinculada o con el servicio de promoción de la autonomía personal y su prestación vinculada, cuando el servicio de atención residencial no disponga de las actividades rehabilitadoras o terapéuticas adecuadas a todas las necesidades individualizadas y específicas de la persona en situación de dependencia. Será indispensable para estos casos informe técnico favorable motivado de los servicios sociales de atención primaria.

7. La prestación económica para cuidados en el entorno familiar será compatible con todos los servicios y prestaciones económicas del sistema salvo con el servicio de ayuda a domicilio, con la prestación económica de asistencia personal y con el servicio de

atención residencial permanente y la vivienda tutelada supervisada o asimilada o sus prestaciones vinculadas correspondientes.

8. La prestación económica de asistencia personal es compatible con el servicio de centro de noche, los servicios de prevención y promoción de la autonomía personal, la vivienda tutelada supervisada o asimilada, el servicio de centro de atención diurna o sus prestaciones vinculadas correspondientes, siempre que el coste económico de ambos no supere el límite de la prestación de asistencia personal. Así mismo, podrá ser compatible con el servicio de teleasistencia.

9. En todo caso no se podrán conceder más de dos servicios o prestaciones, no computándose como tal el servicio de teleasistencia atendiendo su carácter complementario.

4.3.2. IMPORTE Y COMPATIBILIDADES - INCOMPATIBILIDADES DE LAS PRESTACIONES ECONÓMICAS DEL SAAD CON OTRAS PRESTACIONES ANÁLOGAS RELACIONADAS CON LA NECESIDAD DE AYUDA POR OTRA PERSONA

El importe de las prestaciones económicas, y en su caso las correspondientes deducciones, se adecuará a la normativa estatal vigente en cada momento, quedando garantizado, al menos, el nivel mínimo de financiación para cada tipo de prestación en función del grado, todo esto sin perjuicio de los niveles adicionales de protección establecidos por la Administración Autonómica. Las prestaciones económicas de atención a la dependencia son inembargables, excepto para el supuesto previsto en el artículo 608 de la Ley de Enjuiciamiento Civil.

Sin embargo, si la persona beneficiaria percibiera cualquier otra prestación de análoga naturaleza o finalidad que la Prestación vinculada a servicio, Prestación económica para cuidados en el entorno familiar y Prestación económica de asistencia personal, y en particular las que se relacionan a continuación, el importe de estas se deducirá de la cuantía inicial de aquellas por aplicación de la norma estatal:

a) El complemento de gran invalidez regulado en el artículo 196.4 del texto refundido de Ley General de la Seguridad Social, aprobada por Real decreto legislativo 8/2015, de 30 de octubre (en adelante TRLGSS).

b) El complemento de la asignación económica por hijo/a a cargo mayor de edad con un grado de diversidad funcional igual o superior al 75 por ciento, que prevé el artículo 353.2 c) del TRLGSS.

c) El complemento por necesidad de tercera persona de la pensión de invalidez no contributiva, previsto en el artículo 364.6 del TRLGSS.

d) El subsidio por ayuda de tercera persona, previsto en el artículo 8 y la disposición transitoria única del Real decreto legislativo 1/2013, de 29 de noviembre, por el cual se aprueba el texto refundido de la Ley general de derechos de las personas con diversidad funcional y de su inclusión social.

Cuando del resultado de esta operación el importe resultante sea inferior a las cuantías mínimas de las prestaciones económicas establecidas por el real decreto a que hace referencia el artículo 20 de la Ley 39/2006, de 14 de diciembre, de promoción de la autonomía personal y atención a las personas en situación de dependencia, se garantizará el importe de estas últimas.

Las prestaciones económicas se devengan mensualmente y son abonadas mediante transferencia bancaria a una cuenta de titularidad de la persona beneficiaria, en los cinco primeros días del mes siguiente al de la prestación del servicio.

Las personas beneficiarias de un servicio únicamente tendrán que efectuar aportación económica en aquellos supuestos recogidos en una norma con rango legal de la Generalitat Valenciana, en cuanto a las tasas por prestación de servicios de atención social.

EJERCICIO

REFERENCIAS BIBLIOGRÁFICAS

Ayuntamiento de Valencia. Concejalía de Bienestar Social e Integración (2024): CAI. Centro de Atención a la Inmigración: Consultado en <https://www.valencia.es/-/infociudad-centro-de-atenci%C3%93n-a-la-inmigraci%C3%93n-cai.> (16.01.2024).

Decreto 102/2022 de 5 de agosto, del Consejo, por el cual es modifica el Decreto 62/2017, de 19 de mayo, del Consejo, por el cual se establece el procedimiento para reconocer el grado de dependencia en las personas y el acceso al sistema público de servicios y prestaciones económicas. DOGV n.º 9404 de 12.08.2022.

Decreto 18/2023, de 3 de marzo, del Consejo por el cual es regula la Calidad en el Sistema Público Valenciano de Servicios Sociales. DOGV n.º 9549 de 08.03.2023.

Decreto 182/2006, de 1 de diciembre, de Consejo, por el cual se establecen las condiciones y los requisitos específicos para la autorización de los Viviendas Tuteladas para personas con discapacidad o con enfermedad mental crónica. DOGV n.º 5402, de 05.12.2006.

Decreto 188/2021, de 26 de noviembre, del Consejo, de modificación del Decreto 181/2017, de 17 de noviembre, del Consejo, por el cual es desarrolla la acción concertada para la prestación de servicios sociales en el ámbito de la Comunidad Valenciana por entidades de iniciativa social del Decreto 59/2019, de 12 de abril, del Consejo, de ordenación del sistema público valenciano de servicios sociales; Decreto 38/2020, de 20 de marzo, del Consejo, de coordinación y financiación de la atención primaria de servicios sociales, Decreto 34/2021, de 26 de febrero, del Consejo, de regulación del Mapa de servicios sociales de la Comunidad Valenciana. DOGV n.º 9238 de 20.12.2021.

Decreto 19/2018, de 9 de marzo, del Consejo, por el cual es regula el reconocimiento de la condición de familia monoparental en la Comunidad Valenciana. DOGV núm.8260, de 23.03.2018.

Decreto 27/2023, de 10 de marzo, del Consejo, por el cual es regulan la tipología y el funcionamiento de los centros, servicios y programas de servicios sociales, y la ordenación de estos dentro de la estructura funcional, territorial y competencial del Sistema Público Valenciano de Servicios Sociales. DOGV núm 9559, de 22.03.2023.

Decreto 38/2020, de 20 de marzo, del Consejo, de coordinación y financiación de la atención primaria de servicios sociales. DOGV n.º 8805 de 06.05.2020

Decreto 62/2017 de 19 de mayo, del Consejo, por el cual se establece el procedimiento para reconocer el grado de dependencia en las personas y el acceso al sistema público de servicios y prestaciones económicas. DOGV n.º 8061, de 13. 06.2017.

Decreto 63/2014, de 25 de abril, del Consell, que aprueba el reglamento para el reconocimiento de las indemnizaciones y las ayudas económicas a las víctimas de violencia contra la da previstas en la ley 7/2012, de 23 de noviembre, de la Generalitat, integral contra la violencia contra la da en el ámbito de la Comunidad Valenciana. DOGV n.º 7264, de 30.04.2014.

Decreto 72/2016, de 10 de junio, de Consejo, por el cual es regula la tarjeta de estacionamiento para vehículos que transportan personas con discapacidad que presentan movilidad reducida y se establecen los condiciones para su concesión. DOGV n.º 7810 de 2016.06.21.

Gobierno de España. Ministerio de Derechos Sociales y Agenda 2030 (2022): Pensión No contributiva de invalidez.   Consultado   en

https://www.imserso.es/imserso_01/prestaciones_y_subvenciones/pnc_invalidez/index.htm
15.01.2024.

Generalidad Valenciana. Centro Mujer 24 horas. Ante la violencia no estás sola. (2022): Consultado en <http://www.upv.es/entidades/VRSC/info/U0594289.pdf> (02.01.2022).

Generalidad Valenciana. Vicepresidencia segunda y Conselleria de Servicios Sociales, Igualdad y Vivienda Dirección General de la Agencia Valenciana de Igualdadt en la Diversida (2018): Guia de familias numerosas de la Comunidad Valenciana Consultado en <http://www.inclusio.gva.es/documents/162705074/0/Gu%C3%ADa_+FFNN+revisi%C3%B3n+20+JULIO +2016+-+.pdf/1580ec89-8326-4c73-8c3a-91e8be0dabd0> (02.01.2024).

Generalitat Valenciana. Vicepresidencia segunda y Consellería de Servicios Sociales, Igualdad y Vivienda. Dirección General de Servicios Sociales y Personas en Situación de Dependencia (2018): Instrucciones relativas al procedimiento y tramitación de prestaciones económicas individuales de emergencia social y para la mejora de la autonomía para personas mayores. Consultado en http://www.inclusio.gva.es/documents/610727/167616079/Instrucci%C3%B3n+relativa+al+procedimie nto+y+la+tramitaci%C3%B3n+de+Prestaciones+Econ%C3%B3micas+Individuales+de+Emergencia+Social +y+para+la+Mejora+de+la+Autonom%C3%ADa+para+Personas+Mayores/02a601c7-617c-4d72-b7b8- d22775f0e17d (12.01.2024).

Gobierno de España. Ministerio de Inclusión, Seguridad Social y Migraciones (2024): Prestación económica por hijo/a o menor a cargo en régimen de acogida familiar permanente o guarda con finalidad de adopción. Consultado en En http://www.seg-social.es/wps/portal/wss/internet/Trabajadores/PrestacionesPensionesTrabajadores/10967/27924 (13.01.2024).

Gobierno de España. Ministerio de Derechos Sociales y Agenda 2030 (2024): Guia resumen de las Pensiones No contributivas de jubilación e invalidez. Consultado en: https://imserso.es/documents/20123/1595507/pncresumen2024.pdf/62e24a0f-cede-5580-326e- 2baebbf2ad3c (20.01.2024).

Gobierno de España. Ministerio de Derechos Sociales y Agenda 2030 (2024): Solicitud de complemento para titulares de pensión no contributiva que residan en una vivienda de alquiler. Consultado en https://imserso.es/ca/pnc-prestaciones-subvenciones/solicitud-complemento-titulares-pension- contributiva (10.01.2024).

Ley 26/1990 de 20 de diciembre de pensiones no contributivas de la Seguridad Social. BOE n.º 306, de 22. 12.de 1990.

Ley 11/2003, de 10 de abril, de la Generalitat, sobre el Estatuto de las Personas con Discapacidad. DOGV. n.º 4479, de 11.04.2003.

Ley 19/2017, de 20 de diciembre, de la Generalitat, de renta valenciana de inclusión. DOGV n.º 8196 22.12.2017.

Ley 19/2021, de 20 de diciembre, del ingreso mínimo vital. BOE n.º 304, 21.12.2021.

Ley 23/2018, de 29 de noviembre, de la Generalitat, de igualdad de las personas LGTBI. DOGV n.º 8436 de 03.12.2018.

Ley 26/2018, de 21 de diciembre, de la Generalitat, de derechos y garantías de la Infancia y la adolescencia, DOGV n.º 8450, de 24 de diciembre de 2018. BOE n.º 39, de 14 de febrero del 2019.

Ley 3/2019, de 18 de febrero, de servicios sociales inclusivos de la Comunidad Valenciana. DOGV n.º 8491, de 21.02.2019. BOE núm.61, de 12.03.2019.

Ley 3/2020, de 30 de diciembre, de la Generalitat, de medidas fiscales, de gestión administrativa y financiera y de organización de la Generalitat 2021. DOGV n.º 8987, 31-12-2020.

Ley 39/2006, de 14 diciembre de Promoción de la Autonomía Personal y Atención a las personas en situación de dependencia. BOE n.º 299, de 15.12.2006.

Ley 7/2012, de 23 de noviembre, de la Generalitat, integral contra la violencia contra la mujer en el ámbito de la Comunidad Valenciana. DOGV n.º 6912, de 28.11.2012.

Ley Orgánica 1/2004, de 28 de diciembre, de medidas de protección integral contra la violencia de género. BOE n.º 313, de 29.12.2004.

Ministerio de Derechos Sociales y Agenda 2030 (2024): CRE de Atención Psicosocial a personas con trastorno mental grave-València. Consultado en https://creap.imserso.es/creap_01/el_creap/presen/index.htm (16.12.2024).

Ministerio de Derechos Sociales y Agenda 2030. IMSERSO (2024): Programas de Envejecimiento Activo. En <https://imserso.es/ca/espacio-mayores/envejecimiento-activo (16.01.2024).

Oposinet (2024): Planificación y programación de la intervención social. Fases del proceso de planificación. Elementos y técnicas de la programación. Organización y gestión de los recursos. Consultado en https://www.oposinet.com/temario-intervencion-sociocomunitaria/temario-3-intervencion-sociocomunitaria/tema-62-planificacin-y-programacin-de-la-intervencin-social-fases-del-proceso-de-planificacin-elementos-y-tcnicas-de-la-programacin-organizacioacu-2/ (20-01-2024).

Orden 1/2016, de 20 de enero, de la Vicepresidencia y Consellería de Igualdad y Políticas Inclusivas, por la cual se establecen las bases reguladoras para la concesión de ayudas y subvenciones en materia de atención a personas con diversidad funcional, promoción de la autonomía personal y de la accesibilidad. DOGV n.º 7705, de 26.01.2016.

Orden 12/2016, de 13 de mayo, de la Vicepresidencia y Consellería de Igualdad y Políticas Inclusivas, por la cual se regulan las bases para la concesión de las subvenciones para el desarrollo de programas de atención de necesidades e inclusión social a menores y sus familias en periodo estival y se hace pública la convocatoria para el ejercicio 2016. DOGV n.º 7786, de 2016.05.19.

Orden 14/2016, de 5 de julio, de la Vicepresidencia y Consellería de Igualdad y Políticas Inclusivas, por la cual se establecen las bases reguladoras que regirán el procedimiento de concesión de ayudas económicas destinadas a entidades sin ánimo lucrativo para el desarrollo de programas que fomentan la igualdad entre mujeres y hombres y/o el asociacionismo de mujeres, en la Comunidad Valenciana. DOGV n.º 7830, 18.07.2016.

Orden 3/2010, de 26 de marzo, de la Consellería de Bienestar Social, por la cual se crea la Tarjeta acreditativa de la condición de persona con diversidad funcional. DOGV n.º 6247, de 16.04.2010.

Orden 6/2016, de 21 de marzo, de la Vicepresidencia y Consellería de Igualdad y Políticas Inclusivas, se establecen las bases reguladoras de las ayudas para programas de servicios sociales especializados en la atención a mujeres en situación o en riesgo de exclusión social. DOCV n.º 7751, de 01.04.2016.

Orden 7/2016, de 7 de abril, de la Vicepresidencia y Consellería de Igualdad y Políticas Inclusivas, por la cual se establecen las bases reguladoras de la concesión de subvenciones relativas al Programa Bueno

Respiro y subvenciones para financiar estancias en centros de día para personas dependientes y en residencias de la tercera edad. DOGV núm.7758, de 12.04.2016.

Orden 8/2015, de 29 de diciembre, de la Vicepresidencia y Consellería de Igualdad y Políticas Inclusivas, por la cual se establecen las bases reguladoras de la concesión de subvenciones en materia de servicios sociales especializados de personas mayores. DOGV n.º 7691, de 05.01.2016.

Orden de 3 mayo de 2007, de la Consellería de Bienestar Social, que regula la ayuda económica a favor de las víctimas de la violencia de género que establece el artículo 27 de la ley orgánica 1/2004, de 28 de diciembre, de medidas de protección integral contra la violencia de género. DOGV n.º 5507, de 08.05.2017.

Real Decreto 888/2022, de 18 de octubre, por el cual se establece el procedimiento para el reconocimiento, declaración y calificación del grado de discapacidad. BOE n.º 252, de 20 de octubre de 2022. Ministerio de Derechos Sociales y Agenda 2030.

Real Decreto 1051/2013, de 27 de diciembre, regulan las prestaciones del Sistema para la Autonomía y Atención a la Dependencia, establecidas en la Ley 39/2006, de 14-12-2006 (RCL 2006\2226), de Promoción de la Autonomía Personal y Atención a las personas en situación de dependencia Ministerio Sanidad, Servicios Sociales e Igualdad BOE n.º 313, de 31.12.2013.

Real Decreto 1082/2017, de 29 de diciembre, por el cual se determina el nivel mínimo de protección garantizado a las personas beneficiarias del Sistema para la Autonomía y Atención a la Dependencia. BOE n.º 317, 30.12.2017.

Real Decreto 174/2011, de 11 de febrero, por el cual se aprueba el baremo de valoración de la situación de dependencia establecido por la Ley 39/2006, de 14 de diciembre, de Promoción de la Autonomía Personal y Atención a las personas en situación de dependencia. BOE n.º 42, de 18.02.2011.

Real Decreto de 24 de julio de 1889 por el cual se publica el Código Civil. BOE n.º 206, de 25.07.1889.

Real decreto ley 8/2023, de 27 de diciembre, por el cual se adoptan medidas para hacer frente a las consecuencias económicas y sociales derivadas de los conflictos en Ucrania y Oriente Próximo, así como para paliar los efectos de la sequía. Jefatura del Estado. BOE n.º 310, de 28.12.2023.

Resolución de 3 de agosto de 2011, de la Secretaría General de Política Social y Consumo, por la cual se publica el Acuerdo sobre determinación del contenido de los servicios de promoción de la autonomía personal dirigidos a las personas reconocidas en situación de dependencia en grado I. BOE n.º 201, de 22.08.2011.

Vicepresidencia segunda y Consellería de Servicios Sociales, Igualdad y Vivienda (2024), consultado en <http://www.inclusio.gva.es/va/home> (02.01.2024).

Vicepresidencia Segunda y Consellería de Servicios Sociales, Igualdad y Vivienda Instrucciones para la tramitación de prestaciones económicas individualizadas por el desarrollo personal en el sector de tercera edad en las modalidades de ayudas técnicas y de adaptación de vehícle a motor. Consultado en: https://inclusio.gva.es/es/web/s.sociales/prestaciones-economicas-individualizadas-tercera-edad (03-01-2024).

ORIENTE DE ASTURIAS

Descubre el placer del senderismo en Ponga

TURISMO ASTURIAS · ALEJANDRO BADÍA

EDITORIAL

Rezándole a San Friend

Dicen que la escalada está masificada, que hay que hacer cola en las vías los fines de semana, que los aparcamientos de las zonas de escalada están siempre llenos... Y es verdad, pero ya lo decían hace diez años y lo seguiremos viendo dentro de otros diez, seguramente agravado si la escalada (deportiva) continúa el mismo ritmo de crecimiento. Sin embargo, también es cierto –podemos dar fe– que es posible escalar completamente solos en fin de semana en una zona cerca de una gran ciudad, siempre que no sea un sector de moda y habitualmente al precio, eso sí, de una buena caminata. Y esto se cumple aún más si para la escalada en cuestión hace falta llevar en la mochila un manojo de friends y ganas de aventura. Curiosamente, el tipo de escalada más antiguo, el que busca las evidentes grietas y fisuras que empezaron a surcar los pioneros, es hoy el menos frecuentado.

Con este número especial dedicado a las fisuras, y en concreto a las fisuras españolas, reivindicamos esa vuelta a los orígenes de la escalada limpia, la que menos rastro deja de nuestro paso en la roca. Hemos pedido a los muchos colaboradores que se han implicado en su realización –a quienes transmitimos desde aquí nuestro agradecimiento– que compartan sus tesoros, tanto los que están a simple vista como algunos más recónditos, en agujas o riscos no siempre fáciles de encontrar.

Puede que la escalada en fisura no sea para todo el mundo, y no porque haga falta ser el o la más fuerte, o más valiente, o más tolerante al dolor (dicen los Wide Boyz que empotrar no duele...), sino porque, en general, no es una escalada de resultados. Exige acudir con humildad, dispuestos a ser escupidos por vías varios grados por debajo de nuestro nivel habitual, volver a ser aprendices en cada extraño movimiento impuesto por la geología y no por el taladro. Y, dejando a un lado lo divino, también hace falta una inversión que no todo el mundo puede o quiere hacer.

Dicho todo esto, observamos con alegría un resurgir del gusto por escalada tradicional entre los jóvenes, con chicos ¡y muchas chicas! que van sin complejos a arrastrarse por los offwidth y rezarle a San Friend, dejándose literalmente la piel en las fisuras. Ojalá estas páginas sigan haciendo crecer esa ola.

Eva MARTOS

EDITA
Ediciones Desnivel S.L.
C/ San Victorino n° 8. 28025 Madrid.
Teléfono: 91 360 22 42.
ediciones desnivel@desnivel.com

REDACCIÓN
Director:
Darío Rodríguez (dario@desnivel.com)

Redactora Jefe:
Eva Martos (evamartos@desnivel.com).

Director de Arte:
Gregorio Arranz (g.arranz@desnivel.com)

Colaboran en este número:
Mari Augusta Salvesen, José Núñez López, José Juan Domínguez, Alberto García Bahíllo, Germán de la Puente, Javier Sáenz, Fernando Zamora, Philippe Joantéguy, Félix Ramos, Gerber Cucurell, Joan Olivé, Diego Miralles, Rafael Bosch, Palan Marín, Braulio Expósito, Juanjo Cano, Jaime Merino, Dani Castillo, Curro González, Pedro Soto, Javier Martín-Carbajal y Máximo Murcia.

DEPARTAMENTO DE PUBLICIDAD
Directora:
María Ángeles Trujillo.
publicidad@desnivel.com
Tel: 91 360 22 60.

DESNIVEL.COM
Webmaster: José Yáñez.
webmaster@desnivel.com

DISTRIBUCIÓN Y VENTAS
María José Santamaría.
Tel: 91 360 22 84.
mariajose@desnivel.com

Pedidos particulares: Librería Desnivel.
Tel: 91 369 42 90.

SUSCRIPCIONES
Tel: 91 429 22 51 (horario de 9 a 20.30 h).
suscripciones@desnivel.com
https://www.desnivel.com/suscripcion

CONTABILIDAD
Maite López. mayte@desnivel.com
Tel: 91 360 26 20.

Distribuye: SGEL. Tel: 91 657 69 00.
PVP Canarias: 0,15 € sobre precio portada.
Impresa en España/Printed in Spain.
Imprime NUEVA IMPRENTA en papel ecológico TCF (totalmente libre de cloro).

Depósito legal: M-8747-2013
ISSN: 0211-9765
ISBN: 978-84-9829-673-0

EN PORTADA: Xavi Sabater empotrando (¡sin guantes!) en la *Tutankamon* (7c), una dura fisura de la Pedriza, que vio su primera ascensión en 1991, por Jozua Jansen.

SÍGUENOS EN:
desnivel.com
 facebook.com/revistadesnivel twitter.com/desnivelados  instagram.com/desnivel_revista